あいつし知ってる！

はにわ・どぐう・かえんどきの昭和平成

新潟県立歴史博物館（編）

扉写真提供：新潟日報社

【目次】

序 …………………………………………………………………………… 4

第1章　1940　まぼろしのオリンピック ……………………………… 8
　　　　コラム　考古と好古 ………………………………………… 12

第2章　1945　敗戦と日本、日本人 …………………………………… 16
　　　　コラム　考古資料と原子力 ………………………………… 26

第3章　1952　岡本太郎と縄文土器 …………………………………… 30
　　　　コラム　学校教科書と考古資料 …………………………… 38

第4章　1960　火焔土器の物語 ………………………………………… 48
　　　　コラム　出版と火焔土器 …………………………………… 60

第5章　1964　東京オリンピックと火焔土器 ………………………… 68
　　　　コラム　地域振興と火焔土器 ……………………………… 90

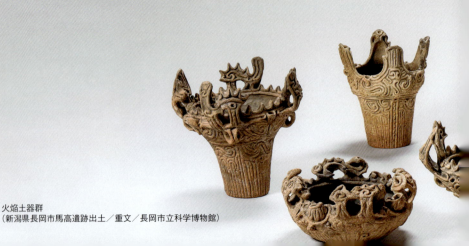

火焔土器群
（新潟県長岡市馬高遺跡出土／重文／長岡市立科学博物館）

第6章	1970	大阪万博と土偶	……	98
	コラム	考古資料と文学者	……	104
第7章	1977	マンガと埴輪、土偶、火焔土器	……	106
	コラム	昭和のマンガと考古資料	……	128
第8章	1989	平成と考古資料	……	132
	コラム	平成のマンガと考古資料	……	148
第9章	2019	新たな神話	……	154
	コラム	縄文にハマる人々	……	162
結			……	166
主な参考文献			……	168

【おことわり】
本書は、天皇陛下即位記念、第34回国民文化祭、第19回全国障害者芸術・文化祭にかかる新潟県立歴史博物館特別展「国民の文化財　あ、コレ知ってる！はにわ、どぐう、かえんどきの昭和平成」の図録を兼ねています。本書には、同展に出品されない参考資料図版も多く掲載しています。

序

　物語なくして生きていけない。
　物語の中でも「歴史」は格別な感覚を持っている。学校などで習う「歴史」は、文字記録をもとに編纂された公式の物語で、試験そのほかの場面で暗誦できることが貴ばれる。学校教育のなかで「歴史」が暗記科目として嫌われるゆえんである。
　その一方で日常的に意識される歴史のストーリーは、必ずしも学校教育の「歴史」と等しくない。個人それぞれの異なる経験と知識が紡ぎ出す「歴史」のストーリーは、内なる自己の求める物語である。それは同じエピソードの記憶あるいは思い出であっても、個人それぞれで違ったストーリーを構成していることが多く、人それぞれに生きていく縁となっている。
　現生人類はまた物語を創作する生き物である。創作された物語の中には「歴史」を冠したストーリーがあり、「歴史」に関わる事情を複雑にする。創作された「歴史」の物語は、文字記録などの証拠に想を得て生み出された架空のストーリーである。それにもかかわらず、読者はそれぞれの経験と知識を踏まえて、創作された架空のストーリー自体を歴史と錯覚する。なかでも映像化された物語は、このような錯誤と関わりなく、記憶に深く刻まれる。
　そもそも物語は、時系列に沿った起承転結を持つストーリーで、因果関係を表現する。現生人類はそのような物語をエピソード記憶として長期にわたって維持する。現生人類の生存戦略にとって、はっきりとした因果関係を物語に仕立て、エピソード記憶として長期に保存す

ることが重要であったからに違いない。

　現生人類が食料獲得から食料生産へ、そして親族の子孫繁栄から大規模に組織化された社会の形成にいたる過程で、物語が威力を発揮したことだろう。何が食べられて何を食べると体調を崩すか。いつ何がとれるか。どのような実がおいしいか。いつ何を栽培すればよいか。誰と誰に血のつながりがあるか。多くの経験と知識が記憶にとどめやすい物語の形式で代々受け継がれてきたことこそ、現生人類の繁栄につながったはずである。

　映像化された物語は、聴覚のみならず視覚に訴えるために、映像を繰り返し視聴することで記憶が強化され、かつ映像を通して記憶を反復的に喚起する。物語を伝える媒体として映画が重用されるゆえんである。あるいは文字だけの書籍よりも、写真や図画を配した印刷刊行物の方がなじみやすい理由である。

　翻って博物館の提供する「歴史」は、文字記録などの証拠を重視するため、どちらかといえば、世間では学校教育の場で習うような公式の物語と理解されている。しかしながら、博物館は「観覧する」という視覚に依存した行為を伴うため、映画同様に記憶を強化し、あるいは記憶を呼び覚ましやすい媒体といえる。それゆえに公式の物語だけでなく、個人それぞれの異なる経験と知識が紡ぎ出すストーリーを育む助けとなる。

　博物館では、文字記録のみならず、さまざまな物的証拠を介して「歴史」を提供している。中でも考古学的研究を基盤とした「歴史」のストーリーは、物的証拠によって構成される。物的証拠を見ることで記憶されるストーリーあるいは喚起されるストーリーは重層的である。私自身の経験を踏まえれば、少なくとも二つのストーリーが思い浮かぶ。一つは博物館が物的証拠として考古資料を介して提供したストー

リーである。一つは博物館で物的証拠として考古資料を見た経験のストーリーである。

前者は公式の物語として、学校教育などと共通する歴史のストーリーである。前者にあっては文化財保護法という法律で定められた文化財としても考古資料は観覧される。学校の試験問題に対応するために必要な記憶ともいえる。

後者は、考古資料を見たという個人の歴史である。後者では試験問題を気にする必要はない。それを見たという感動とともに記憶はある。その際の考古資料は必ずしも文化財と理解されていなくとも構わない。個人の思い出として記憶され、記憶が喚起されるきっかけにすぎないのだ。「埴輪（はにわ）」「土偶（どぐう）」「火焔土器（かえんどき）」が時に作品と呼ばれ、鑑賞に注力される理由がここにある。

後者のストーリーでは、しばしば考古資料が公式の物語「歴史」から切り離され、考古資料それ自体の造形的妙味が注目され、あるいは考古資料の視覚的効用に着目した活用が画策された。それは時に五輪や国体、万博のような国家規模の事業に関わる場面のこともあった。あるいはマンガのように大量消費された出版物を介してであった。

本書は視覚的効用の高い考古資料の特性に注目し、考古資料を介して、昭和・平成を振り返るものである。「あ、コレ知ってる！」と思わず声を上げるとすれば、それは公式の物語「歴史」として、学校で使用した教科書などを通して記憶した埴輪、土偶、火焔土器であるだけでなく、個人の大切な物語を構成する人生のエピソード、その記憶を喚起する存在として、それぞれに深く関わっているゆえなのである。

なお、本書は天皇陛下御即位記念、第34回国民文化祭、第19回全国障害者芸術・文化祭の一環で開催する新潟県立歴史博物館特別展「国民の文化財　あ、コレ知ってる！はにわ、どぐう、かえんどきの昭

和平成」と対をなすものである。本書とともに、博物館の企画展を観覧・鑑賞することで、公式の物語「歴史」と個人の大切な物語「人生」に思いをはせる機会になるはずである。

　本書の中心的主題の一つ火焔土器は、新潟県長岡市の馬高(うまたか)遺跡で近藤篤三郎が昭和11（1936）年の大晦日(みそか)に発掘した個体を復元した縄文土器といわれている。その個体に与えられた愛称であった。同型の縄文土器が新潟県内の遺跡で数多く復元され、それらを火焔型土器と呼ぶようになった。さらに火焔型土器と似て口縁に違いのある王冠型土器がある。縄文土器は日本列島の多様な地勢を反映するように地域性を示す。火焔型土器は現代の新潟県に相当する範囲の縄文土器で、その特色を生かして『火焔土器の国 新潟』（新潟県立歴史博物館編、2009年新潟日報事業社）を冠した展覧会を開催した。このような取り組みは、学術的研究成果を発信する「物語」の一つである。

　同様の取り組みに信濃川火焔街道連携協議会（新潟市、三条市、長岡市、魚沼市、十日町市、津南町）の一連の活動がある。「信濃川火焔街道」は、火焔型土器を介して新潟県を貫流する信濃川流域の市町村が交流・連携を図り、地域振興や広域観光を推進することを目的として創案された。信濃川火焔街道連携協議会は、火焔型土器を中核に文化財を活用した広域観光につながるストーリーを作成し、『「なんだ、コレは！」信濃川流域の火焔型土器と雪国の文化』のタイトルで文化庁の日本遺産認定を平成28（2016）年4月19日に受け、その「物語」を「火焔型土器の機能とデザイン Jomonesque Japan 2016」展（國學院大學博物館）や「火焔型土器と西の縄文 Jomonesque Japan 2017」展（京都大学総合博物館）として、多くの人びとに提供した。

　本書と本書にかかる展覧会もまた、信濃川火焔街道連携協議会の支援を受け、同様の役割を期待するところである。

第1章 1940 まぼろしのオリンピック

　1940（昭和15）年は、紀元2600年として国家規模の「紀年」事業が計画された。その一つに、アジア初となるオリンピック夏季大会の日本招致活動が行われた。

　1936（昭和11）年7月31日にベルリンで行われた国際オリンピック委員会総会における投票の結果、紀元2600年にあたる1940年に東京でオリンピック夏季大会が開催されることが決定した。同じ年、火焔土器A式1号が発掘されたといわれる。くしくもそれは東京オリンピック開催が決定した年の大晦日であった。

　日中戦争の激化で、このオリンピックは開催されず、まぼろしに終

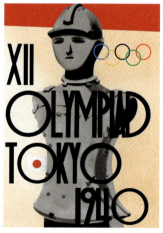

1940（昭和15）年・東京オリンピックのポスターデザイン

埴輪　短甲の武人（埼玉県熊谷市上中条出土／重文／東京国立博物館）
Image:TNM Image Archives

わった。まぼろしであってもオリンピック招致活動があったこと、オリンピック開催に向けて準備が進められた事実は残された。

宣伝ポスターの一つには、短甲の武人埴輪（はにわ）（埼玉県熊谷市上中条出土、現：東京国立博物館所蔵、重要文化財）が描かれた。神武東征の神話に由来する紀元2600年の紀年事業であったこと、日中戦争の影響などで、オリンピック競技大会も武張ったデザインが好まれ、それを構成する要素として古墳に並んでいた武人埴輪が採用されたと思われる。ただ、それは武人に見える造形のみが切り取られた結果であり、古墳から出土する遺物である埴輪の役割などに関する考古学的研究の成果を反映した選択ではなかった。

現代にあっても、武人埴輪のように人物や動物、家財などを造形した形象埴輪が有名で土製フィギアの一種と見なされることが多い。それゆえに「まぼろしのオリンピック」ポスターの後も、埴輪は考古

埴輪　武人（群馬県太田市飯塚町出土／国宝／東京国立博物館）
Image:TNM Image Archives

埴輪　踊る人々（埼玉県大里郡江南町出土／東京国立博物館）
Image:TNM Image Archives

埴輪　馬（埼玉県熊谷市上中条出土／重文／東京国立博物館）
Image:TNM Image Archives

埴輪　猪（群馬県伊勢崎市境上武士出土／重文／東京国立博物館）
Image：TNM Image Archives

埴輪　犬（群馬県佐波郡境町出土／東京国立博物館）
Image:TNM Image Archives

学的研究が明らかにする時代や変化の仕方（遺物の編年）、用途や意味を度外視して、埴輪に造形された形象の記号として注意され、創作された物語に登場するキャラクター化が、たびたび図られた。そのような扱いは、考古学的研究の成果が日本の「歴史」という公式の物語に採用され、学校教育の科目として創設された社会科の教科書に掲載されるようになった後も変わらなかった。

　1966（昭和41）年4月17日公開の大映京都撮影所作品「大魔神」という特撮時代劇では、挂甲の武人埴輪（群馬県太田市飯塚町出土、現：東京国立博物館所蔵、国宝）そのままのキャラクターが、戦国時代らしい日本で大暴れする。劇中の設定は石像となっていて、埴輪の造形だけが切り取られた格好である。続けて「大魔神怒る」「大魔神逆襲」と都合3作がつくられた。

　NHK教育テレビでは、幼児向け教育番組を進行する着ぐるみキャラクターの造形に埴輪が活用された。1983（昭和58）年4月13日から1989（平成元）年3月8日まで放送

された「おーい！はに丸」である。埴輪の家に住む王子の埴輪はに丸が、馬の埴輪ひんべい（え）を従えて「ことば」を学ぶ設定であった。「おーい！はに丸」終了後、2014（平成26）年から2017（平成29）年まで「はに丸ジャーナル」という総合テレビのバラエティー番組に、はに丸とひんべい（え）は再登場した。

　1980年代に埴輪をキャラクター化したみうらじゅん（1958～）には、『学園ハニワもの「ハニーに首ったけ」』というコミック（河出書房新社、1986年発行）がある。みうらじゅんは「マイブーム」という造語で知られ、仏像マニアとしても名高い。『ビックリハウス』（パルコ出版）や『ヤングマガジン』（講談社）などの雑誌に掲載された埴輪を擬人化した学園マンガは、考古資料の名称「埴輪」を珍奇なものの記号ハニワ、ハニーに変換し、大衆化させる原動力になったと思われる。

埴輪　猿（伝茨城県行方市大日塚古墳出土／重文／東京国立博物館）
Image:TNM Image Archives

埴輪　盛装の女子（群馬県伊勢崎市豊城町出土／重文／東京国立博物館）
Image:TNM Image Archives

第1章　1940　まぼろしのオリンピック　11

Column　考古と好古

　文化財保護法で規定される「国宝」の響きは、特別な存在感を与える。縄文土器が国宝に加わったのは、最近の話である。20世紀が終わりを迎えつつあった1999（平成11）年に、火焔型土器を擁する新潟県十日町市の笹山遺跡出土深鉢形土器57点がまとめて国宝に指定された。それは日本美術工芸の文脈で公式的な評価が与えられたことを意味する。岡倉天心（1863～1913）が石器時代遺物を日本美術史の外において百余年後のことであった。

　縄文土器は発掘調査された出土品を説明した言葉である。横浜から東京への鉄路移動中に、E.S.モース（1838～1925）が汽車の車窓で見いだした貝塚を急ぎ発掘し、Nature（1877年11月29日発行 Vol.17 No.422）に短報を投稿した。西南戦争終結前のことである。その後、東京府の正式な許可を得て大森貝塚で日本初となる学術発掘調査を行い、その成果は1879（明治11）年に東京大学理学部紀要に英文で報告された。その際に出土土器の特徴として記載した「cord marked pottery」の訳語として索紋、縄紋などが使われ、後に縄文が通有するようになった。戦後に学校教育に登場した社会科の中で学ぶことになった日本の歴史では、長らく教科書の冒頭を大森貝塚発見発掘譚が担った。

　岡倉天心に始まる日本美術史は、かつて考古資料をその埒外に置いた。それは日本考古学史の当初に色濃かった人種論争を反映し、大和民族と先住民の仕分けが影響しているという。しかしながら、大正から昭

大野雲外1907『人種紋様』

和初期に企画された平凡社の『世界美術全集』には、世界美術の一つに日本石器時代が含まれている。それは先住民族の美術としての扱いであった。

一方で大野雲外（延太郎）や杉山寿栄男（1885～1945）の文様図案集発行は、考古学の研究対象としての学術標本にとどまらない考古資料の在り方を示す嚆矢である。考古学的証拠として取り扱われる対象物は、愛好の対象にもなる。明治以前、「好古」と呼ばれたゆえんである。考古学における操作対象である遺物や遺構は、学術標本として存在するにとどまらず、人々を魅了することがしばしばあった。

大野雲外（延太郎）は、1863（文久3）年生まれ、1938（昭和13）年没。東京帝国大学理科大学人類学教室画工、助手を務め、『先史考古学図譜』『考古学大観』など考古学研究に資する著作のほか、石器時代の古物を近代美術工芸や盆栽へ応用することを企図した図案集を出版した。

現在、文化財の活用に注目が集まっているが、既に100年以上前には同様の考えがあった。この図案集の発行の後、昭和初期には杉山寿栄男の『日本原始工藝』や『原始文様集』などが次々と出版された。『日本原始工藝』や『原始文様集』は大々的に売り出されたらしく広告が残っている。考古学のみならず、工芸、美術の研究者と愛好家を販売対象にしているものの、主な購買先が学校や図書館であることは、今も昔も変わっていない。

杉山寿栄男1923『原始文様集』

杉山寿栄男1928『日本原始工藝』

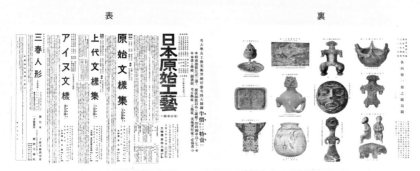

杉山寿栄男の『日本原始工藝』『原始文様集』を扱った当時の広告

遮光器土偶(青森県八戸市是川遺跡出土/八戸市埋蔵文化財センター是川縄文館)

大正時代の是川遺跡の発掘調査(青森県八戸市是川遺跡出土/八戸市埋蔵文化財センター是川縄文館)

是川遺跡出土の琴状木製品(青森県八戸市是川遺跡出土/八戸市埋蔵文化財センター是川縄文館)

コラム 考古と好古

第2章　1945　敗戦と日本、日本人

　1945（昭和20）年は、日本国にとって大きな節目である。第2次世界大戦（太平洋戦争）の敗戦国となった年である。連合国にとっては東京湾上のアメリカ海軍ミズーリ号上で降伏文書に調印した9月2日、あるいは翌3日が対日戦勝記念日となっているが、それに先行して8月28日に日本占領政策を担った連合国軍が横浜上陸し、8月30日に連合国軍最高司令官マッカーサー元帥が厚木飛行場に降り立った映像がマスメディアを通して周知されたこととも相まって、日本国内では終戦の詔書を朗読した玉音放送のあった8月15日が終戦の日として記憶に刻まれるようになった。そして、GHQあるいは進駐軍と呼ばれた連合国軍最高司令官総司令部による日本占領が始まった。

　日本の軍事力を解体し、その伸長を許した軍国主義を廃する教育改革が進められた。教育文化などを担当する民間情報教育局（CIE）がGHQの特別参謀部の一つとして設立され、1945年のうちに教育の改革に関するいわゆる四大改革指令が文部省に発せられた。第一は10月22日の「日本教育制度

金印（福岡県志賀島出土／国宝／福岡市博物館）
Image:Fukuoka City Museum／DNPartcom

ニ対スル管理政策」で、教育内容、教職員および教科目・教材の検討・改訂についての包括的な指示と連絡機関の設置と報告義務とを課せられた。第二が10月30日の「教員及教育関係官ノ調査、除外、認可ニ関スル件」で、軍国主義的、極端な国家主義思想を持つ者の教職からの排除、いわゆる「教職追放」を具体的に指示した。第三は12月15日の「国家神道、神社神道ニ対スル政府ノ保証、支援、保全、監督並ニ弘布ノ廃止ニ関スル件」で、信教の自由の確保とともに、極端な国家主義と軍国主義の思想的基盤をなした国家神道を解体し、国家と宗教との分離、宗教の政治的利用の禁止という原則を示した。第四は12月31日の「修身、日本歴史及ビ地理停止ニ関スル件」で、軍国主義的および極端な国家主義的思想の排除を教育内容において徹底するため、修身、日本歴史および地理の授業停止とそ

遮光器土偶（青森県木造町亀ヶ岡遺跡出土／重文／東京国立博物館）
Image:TNM Image Archives

遮光器土偶（宮城県大崎市恵比寿田遺跡出土／重文／東京国立博物館）
Image:TNM Image Archives

れらの教科書・教師用参考書の回収とを命じた。ただし、第四の改革指令以前、文部省は終戦早々の9月には教科書の軍国主義的な内容を削除している。

四大改革指令に基づいて文部省が教育改革を進めるなか、1946（昭

みみずく土偶(埼玉県さいたま市真福寺貝塚出土／重文／東京国立博物館)
Image:TNM Image Archives

和21)年11月3日に日本国憲法が公布され、第26条に「教育を受ける権利」「保護する子女に普通教育を受けさせる義務」と義務教育の無償原則が明文化された。翌年3月に教育基本法が公布され、4月には新学制が発足した。修身に代わる公民、歴史および地理が新設された「社会科」に組み込まれ、新たな教育が始まった。

　制度上の教育改革の一方で、敗戦は日本国および日本人のアイデンティティーを改めて考える契機となった。小熊英二(1995年『単一民族神話の起源―〈日本人〉の自画像の系譜―』新曜社)が膨大な文献を介して論証しているように、敗戦前から日本人のアイデンティティーは、日本を単一民族国家と考える立場と多民族国家と見なす立場とが、時流にあわせて揺れていた。そして、敗戦前は多民族国家と混合民族と見なす方が一般的であった。それは日本列島から領土を拡大する戦争中には、当然の成り行きであったと思われる。

　明治の考古学・人類学では、貝塚を残した人々をアイヌとするか、プレアイヌ(坪井正五郎はコロボックルと呼んだ)とするか論争した。その両者いずれであれ、石器時代遺物は先住民の残した考古資料であり、明治日本人とは民族的に違うことが強調されていた。その後、大正、昭和初期にかけて、解剖学・形質人類学では、出土人骨の分析を通して、民族的違いよりも年代的推移による変化が強調されるようになっていた。しかし、敗戦以前に主流をなした考え方は、民族的違い

の強調、征服と被征服、多民族の興亡の物語へと収束していた。

一方、考古学では同じころ、貝塚出土品を中心に土器の相対的な年代差が定められ、また、縄文土器と弥生土器とでは、それらを残した社会や文化が異なると考えられるようになっていた。弥生土器には石器のみならず、青銅器の伴うことが判明し、土器底部に籾圧痕が発見され、稲作の存在が推定されていた。農耕具と推定される木製品が大量に出土した奈良県田原本町の唐古・鍵遺跡などもあり、弥生時代に農耕が始まることは確実視されていた。敗戦前の学校教育公式の日本歴史は、記紀神話に始まり、考古学的研究の成果は等閑視されていた。戦時体制のもと、日本歴史の記述に関わる人々のさまざまな葛藤があったと思われるが、底流には岡倉天心が日本美術史から石器時代遺物を除外した先住民のものと見なす考えと同様に、石器時代遺物から判明したことを日本歴史と見ない考えがあった。

1945年の敗戦以後、ポツダム宣言に記された日本国の主権の及ぶ範囲が「本州、北海道、九州および四国ならびに連合国の決定する小諸島」に限られたことは、考古学的研究の成果を日本歴史に組み込む

袈裟襷文銅鐸（伝香川県出土／国宝／東京国立博物館）
Image:TNM Image Archives

上から1943(昭和18)年登呂遺跡第1次調査、1947(昭和22)年第2次調査、1950(昭和25)年第5次調査の様子(写真：静岡市登呂遺跡博物館)

契機の一つとなった。考古学の研究対象は、発掘地点のように地理情報で限定される記録に重要性がある。出土品の分類を通した類型化、たとえば「火焰型土器」のような考古資料の分布範囲は、出土地点の記録があって、初めて追跡可能になる。また、出土品の相対的な年代は、一義的には発掘地点あるいは分布範囲の限定された中で威力を発揮する。敗戦以前から縄文土器や弥生土器が日本列島内を地理的に区分して相対的な年代、型式や様式の定められていたことは、1947（昭和22）年4月に始まる新学制で新設された社会科のなかの日本歴史の記述を進めるうえで有利に働いたと思われる。日本国の主権の及ぶ範囲にちょうど当てはまる縄文土器と弥生土器は、敗戦前の日本歴史の冒頭にあった記紀の記述を代替できる科学的知見とみなされた。

　静岡県静岡市登呂遺跡の発掘調査は、そのシンボル的存在であろう。登呂遺跡は戦時中の1943年（昭和18）年7月、航空機増産のために建設中のプロペラ製作の軍需工場用地で発見された。戦時中に既に新

聞報道があった。1947年7月の発掘調査には、考古学のみならず、人類学、地質学、建築史学、農業史学、動植物学、歴史学などの研究者が学際的に組織された。登呂遺跡調査会の発掘調査の成果は、科学的知見による歴史記述という認識を強調したことであろう。このとき新聞報道が全国向けの広報に大きな威力を発揮した。「最初」「最古」「最大」などの考古資料に関する報道で多用されるフレーズが定着した最初の遺跡でもあった。

登呂遺跡では水田跡の発見が最も有名であろう。灌漑施設の整備された水田跡の発掘によって、弥生時代に稲作農耕の始まることを示すシンボル的存在となった。また、稲籾を保管する

登呂遺跡出土品（重文／静岡市登呂遺跡博物館）

鼠返しのある高床式倉庫、発火具の断片、織機、五絃琴などの木材、木製品が多数発見されたことも重要な成果であった。それらは「本州、北海道、九州および四国ならびに連合国の決定する小諸島」に限られた日本および日本人にとって、直接の祖先が残した遺物という理解へとつながっていった。記紀神話に代わって日本歴史におかれ石器時代遺物に基づいた考古学的説明は、自尊心を満たすアイデンティティー

形成に適ったものであった。1947年4月に始まる新学制のもと新設された「社会科」の日本歴史では、小中高それぞれの教科書に登呂遺跡の写真が掲載されるようになった。現代の私たちにとって定番の弥生時代のある日本歴史は、登呂遺跡の発掘物語とともに組み込まれた。

弥生時代の登呂遺跡に続いて、注目された考古資料に群馬県新田郡笠懸村（現・みどり市）の岩宿遺跡の出土品があった。日本列島における旧石器の存在を明らかにした考古資料であった。行商をしながら考古学研究に情熱を燃やした相澤忠洋（1926〜1989）の記した『岩宿の発見』物語とともに、日本歴史では最初に記されるようになった。岩宿遺跡は、1947年9月に相澤忠洋が赤土の崖から石器を採取したことに始まり、1949年（昭和24年）9月に明治大学の行った発掘調査で、地質年代で更新世に相当する関東ローム層からの出土を確認したことで画期をなした。相澤忠洋の発見から発掘までの経緯には、江

群馬県みどり市岩宿遺跡発掘調査の様子（写真：明治大学博物館）

坂輝彌（1919〜2015）宅で相澤忠洋と邂逅した芹沢長介（1919〜2006）、芹沢長介から登呂発掘中の杉原荘介（1913〜1983）への報告など、多くの人々が関わっている。

もっとも岩宿遺跡の発見が直ちに日本列島における旧石器の存否を決定づけたわけではなかった。その理由の一つには明治期のN.G.マンロー（1863〜1942）の研究、大正期の大山柏（1889〜1969）の研究、直良信夫（1902〜1985）の化石人骨などの研究との整合性、一つは日本史叙述における時代区

岩宿遺跡の出土品
上／岩宿Ⅰ石器文化（重文／明治大学博物館）
下／岩宿Ⅱ石器文化（重文／明治大学博物館）

分のモデルであった西アジアおよびヨーロッパの考古学的証拠との不整合であった。石器、青銅器、鉄器の三時期区分の一つ石器時代を二分した新石器に対する旧石器である。旧石器時代は、地質年代で更新世の地層から絶滅大型哺乳類化石とともに出土する打製石器を特徴とする。対する新石器は、地質年代で完新世の地層から出土し、打製石器だけでなく、磨製石器があり、土器があり、農耕と定住の文化である。水田農耕の確かな証拠のある弥生時代よりも古い縄文土器の時代には、農耕の証拠がなく、西アジアおよびヨーロッパの新石器と比肩しがたいと考えられていた。その一方で縄文土器があり、竪穴住居に象徴される定住的暮らしぶりから、高級狩猟採集民の時代という理解

があった。縄文土器以前の時代を示す岩宿遺跡出土の石器は、時代区分として、旧石器を使用せずに先土器、無土器新石器などの用語によって表現され、社会科の日本歴史に相当する教科書の冒頭に使用されるようになった。それは用語の問題を別にすれば、敗戦後によって喪失した記紀神話が担っていた日本歴史の古さを補い、日本人のアイデンティティーの再形成に寄与したと思われる。その際、登呂遺跡同様に発掘調査の成果は、新聞報道を介して日本人に浸透していった。

このように日本歴史冒頭の再構成は、明治以降に蓄積された考古学研究を土台に、敗戦直後に行われた発掘調査の成果を踏み台にして明文化されていった。その中で、岩宿の旧石器と登呂の弥生の間で、縄文土器は貝塚や竪穴住居とともに、狩猟、採集、漁労の時代として、日本歴史に組み込まれていた。

登呂や岩宿に遅れて1959（昭和34）年、縄文土器は脚光を浴びることになった。敗戦前の考古学研究で、多様な縄文土器を分類した型式を単位として、山内清男（1902～1970）、甲野勇（1901～1967）、八幡一郎（1902～1987）らによって、地域それぞれに相対的な年代がおおよそ定まっていた。1937（昭和12）年に山内清男は、「縄紋土器の大別と細別」に付された編年表には古代の令制国に準じた範囲に区分けした地域ごとに、相対的な年代学的の単位とした型式という細別と、型式を等数に分けた大別の5期（早期、前期、中期、後期、晩期）を示した。そのころ、編年表に載っていない型式の土器が知られるようになった。後に撚糸文系土器（よりいともん）と呼ばれる様式で、現在では早期の最初に位置付けられている。縄文土器の編年には、当時未発見のより古い土器があることが想定されるに至った。

1950（昭和25）年、1955（昭和30）年、神奈川県横須賀市夏島（なつしま）貝塚の発掘調査が明治大学によって行われた。貝塚最下層、最も古い

年代に当たる層から撚糸文系土器の一つ夏島式土器は出土した。それは当時分かっていた縄文土器のなかで最古級であった。1960（昭和35）年にアメリカ・ミシガン大学から報告された貝塚最下層の放射性炭素^{14}C年代測定の結果は驚くほど古く、衝撃を与えたのである。木炭9,240±400BPとカキ貝殻9,450±500BPで、当時世界で一番古いとされていた西アジアの土器の推定年代4,500BCをはるかに凌駕し、縄文土器は一躍世界最古になった。この測定結果は一般向けに新聞や雑誌でも取り上げられた。考古学研究の現場では、西アジアの土器以上に古い夏島貝塚の年代に疑問を呈する人々と積極的に放射性炭素^{14}C年代測定値を評価する人々との論争に発展した。前者の代表は1937年に「縄紋土器の大別と細別」を発表し、最も縄文土器に精通していた山内清男である。後者には夏島貝塚の発掘に関わった杉原荘介や芹沢長介がいた。長らく縄文土器の短編年と長編年として知られる縄文時代の年代観の違いとなった。

　1951（昭和26）年9月、日本はサンフランシスコ講和会議に臨んだ。前年6月25日に勃発した朝鮮戦争によって顕在化した世界の東西冷戦構造の中で、アメリカをはじめとする西側諸国48カ国との間で平和条約を締結し、連合国の占領から解放され、主権を回復した。敗戦という現実を受け、復興に向かって新たな日本のアイデンティティーを思い描いた人たちにとって「世界最古」の文字は快かったであろうか。それとも気宇壮大なスローガンとともに突き進んだ先の戦争を思い出させたのであろうか。戦後20年以上を経過して生まれた筆者には想像しかできない。

Column 考古資料と原子力

　考古学研究の基盤的方法論では、縄文土器それ自体について相対的な年代は、出土層位の畳重関係などで判断できるが、暦年代のような年代は、文字記録を伴わない縄文土器については推定が難しかった。そこに登場したのが、原爆開発の副産物ともいえる放射性元素の理解に基づいた年代測定方法であった。規則正しく壊変する放射性元素を時計のように用い、年代に換算する方法である。

　放射性元素の一つ、炭素同位体^{14}Cを使う年代測定を考案したのは、アメリカ・シカゴ大学のW.F.リビー博士（1908～1980）であった。^{14}Cの半減期は約5,000年で人類文化の研究に資する遺物の年代測定に適すると想定された。なによりも炭素は人類を含む生命体の構成元素であり、人類の利用する動植物に遍（あまね）く存在することが有益と考えられた。リビー博士は放射性炭素同位体^{14}Cを利用した年代測定の業績で1960（昭和35）年にノーベル化学賞を授与された。

　放射性元素の理解が進んだ背景には、原子力を利用した兵器開発があり、その負の側面は多分に日本と大きく関わっていた。アメリカのマンハッタン計画の一つの結末、1945（昭和20）年の8月6日と8月9日の出来事は象徴となっている。少なくとも日本の新聞をはじめとするマスメディアは、周年で8月6日と8月9日の出来事を取り上げ、その記憶を失わないように作用している。

　他方、正といえるか否かはともかく、新たな知見が得られる科学力の発展という側面でも日本は深く関わっている。炭素同位体^{14}Cを用いた年代測定に関するリビー博士の研究過程では、進駐軍占領下の敗戦日本からも、貝塚の貝殻や木炭などの試料（サンプル）がいち早く提供された。1951（昭和26）年に発表されたリビー博士による放射性炭素同位体^{14}Cを用いた年代測定の第2報には、早くも日本列島の考古資料が登場した。千葉県市川

市にある姥山貝塚の木炭であった。

　姥山貝塚は1926（大正15）年に東京帝国大学人類学教室が縄文時代の竪穴住居址を初めてまるごと発掘した遺跡である。その測量図面をもとに関野克（1909〜2001）博士は復元模型をつくった。1947年（昭和22）年に始まる新学制の社会科、日本歴史には姥山貝塚の竪穴住居址の写真とともに関野博士の復元模型の写真が多く掲載された。1926年に発掘された竪穴住居の中に、5体の人骨を伴うものがあった。1924（大正13）年9月1日にあった関東大震災の強烈な記憶が反映して、その人骨は地震による倒壊家屋に生き埋めとなった家族と解釈され、新聞などで取り上げられた。あるいは貝塚に含まれる魚骨の中にフグの骨があることから、フグの毒にあたって一家全滅したとも解釈された。現代では廃屋になった竪穴住居を利用した縄文時代の埋葬様式の一つと考えられている。

　敗戦の翌年、1947年にオランダ人神父ジェラード・グロートは日本考古学研究所を設立し、千葉県市川市姥山貝塚を発掘した。その発掘で得た木炭2点をリビー博士の年代測定試料に提供した。第2報に載る木炭の年代 4850 ± 270、3980 ± 500、AV.4546 ± 220、4513 ± 270から、約4,500年前という姥山貝塚の年代が導き出された。日本の考古資料は放射性炭素同位体^{14}Cを用いた年代測定に関する研究が始まった初期から重要な役割を果たした。グロート神父は新潟県長岡市関原の馬高・三十稲場遺跡の調査にも関わった人物で、英国ケンブリッジ大学に日本に関する考古学の博士論文を提出している。

　「禍福は糾える縄の如し」のこ

神奈川県横須賀市夏島貝塚出土の尖底土器（撚糸文土器）（重文／明治大学博物館）

コラム　考古資料と原子力

とわざがある。放射性元素に関する知見の応用が考古資料に具体的な年代値を与え始めたころ、一方で世界は東西冷戦を背景にさらなる原子力の核兵器開発に突き進んでいた。1954（昭和29）年3月1日、遠洋漁業中の第五福竜丸は日本列島からはるか南洋のビキニ環礁でアメリカ軍の水素爆弾実験によって発生した多量の放射性降下物（死の灰）を浴びた。科学力が神にも悪魔にもなれることを改めて思い至った出来事であろう。その年の11月3日に映画「ゴジラ」が封切られ、興行的な成功を収めた。

　サイエンスフィクション（SF）の物語は、科学知識と空想の産物であるとともに、創作者の経験、その時々の世界状況に影響されよう。興行的成功の一端は、創作者と観覧者とが共有した経験や世界状況にあろう。興行的成功とは別に創作の現場にいた多様な分野の作家から評価されたゆえんである。ちなみに呉爾羅（ゴジラ）は大戸島の古老から聞き取った伝説に由来する名称である。明治に始まった日本の人類学は、現代の形質人類学、文化人類学、土俗学、考古学などを分けない形で始まった。土俗学は人類学の一分野であり、ゴジラのシナリオはそのような土俗学が秘めた伝説を意図して書かれたものと思われる。

　ゴジラはその後にシリーズ化、プログラムピクチャー化され、興行的成功を収めたものの、科学力に対する畏怖や核兵器の脅威に裏付けられた世界の終末感は薄らいでいった。その後、2016（平成28）年に公開された「シン・ゴジラ」は興行的な成功を収めた。2011（平成23）年3月11日の東日本大震災に含まれて語られる原子力発電所事故から5年。現在なお収束をみない深刻な事態に直面し、表現する力はゴジラ第1作や敗戦の玉音放送にまつわる映画「日本のいちばん長い日」をオマージュした新たな物語を生み出した。再び原子力技術の脅威を痛感する出来事があり、1945年の敗戦に匹敵するアイデンティティーの喪失感、世界の終末感を背景としたゴジラが注目されないはずはなかっただろう。

　二つのゴジラに象徴される科学力への畏怖や終末感。その間、考古資料に適用された科学力は、1960年に夏島貝塚の土器に約9,000年前という

世界最古の称号を与えた。そして、1999（平成11）年に発表された青森県蟹田町（現・外ヶ浜町）大平山元遺跡出土土器の1万6,500年前は、再び世界最古として報道された。放射性炭素同位体^{14}Cを利用した年代決定は、測定方法の技術的変化や暦年較正の導入などの変化があり、同じ基準で評価できる年代値ではない。それでも「世界最古」の称号だけは生き続けている。現代日本人と縄文人との関係が自明でなくとも、「世界最古」の縄文土器には日本人の自尊心をくすぐる魔力がある。

夏島貝塚発掘調査の様子
（写真：明治大学博物館）

夏島貝塚の発掘された貝層断面
（写真：明治大学博物館）

第3章　1952　岡本太郎と縄文土器

　巷間、「縄文の美」発見者として知られる岡本太郎（1911〜1996）。それはある意味正しく、ある意味誤解を招く表現であった。岡本太郎は縄文の美を発見したのではない。縄文に美を発見したというべきである。より正しくは縄文に感動し、縄文に力を得ようとしたと評するべきであろう。

　1952（昭和27）年1月に発行された美術雑誌『みづゑ』558号に発表された岡本太郎の「四次元との対話 縄文土器論」は、縄文に対する感動と感動の背景にある世相を見事に表現している。感動の背景には、そのときの心情、心情を生む環境や世相がある。岡本太郎の場合、日本の敗戦とアイデンティティーの喪失が大きく関わっていたと思われる。また戦前のパリ遊学が「縄文の美」発見に影響を与えた。

　太郎は岡本一平（1886〜1948）とかの子（1889〜1939）との間に生まれた。一平は朝日新聞で夏目漱石（1867〜1916）と同時代に活躍した漫画家。かの子は作家であり奔放な性格で知られた。1929（昭和4）年のロンドン軍縮会議に特派された一平とともに渡欧、1940（昭和15）年までパリで過ごした。パリで今日、抽象芸術シュールリアリスムとして知られる運動に関わった。パブロ・ピカソとアンドレ・ブルトン、そしてジョルジュ・バタイユらと親交を持った。

　一方で太郎は、贈与論や身体論で知られるマルセル・モースをはじめとするソルボンヌ大学の哲学、心理学、民族誌、社会学など講義を受け、当時の最先端思想と民族誌学の方法論を学び、抽象芸術シュールリアリスム運動の展開に大きく関わった。

抽象芸術シュールリアリスムは、ヨーロッパが主戦場となった第1次世界大戦を経験した世代のアイデンティティー回復運動の側面があり、未知の文化の紹介を通して人類の普遍性と多様性を記述しようとした民族誌学的研究のうちに特殊性や異質感、あるいはなじみの薄い珍奇な部分をクローズアップさせることになった。パブロ・ピカソにとってのアフリカ彫刻はそのシンボルである。単純化すれば、太郎にとっての縄文土器はピカソにとってのアフリカ自然民族の仮面だった。

　日本で「原始芸術」と訳される場面の多い「Primitive Art」と概念化された対象であった。ただ単純化ほど危険なことはない。その一方で1945（昭和20）年の敗戦と日本と日本人に関する公式の物語喪失、あるいは再編成に向けての動向、そして、1951（昭和26）年に始まる朝鮮戦争によって可視化された東西冷戦構造と水爆開発によって進む軍備拡大という世相、それに加えて岡本太郎自身の経歴などが複雑に絡んだ末に「四次元との対話　縄文土器論」は執筆されたと考えた方が妥当であろう。

　岡本太郎と縄文の関係には、多くの誤解があるように思う。最初に記したように、決して縄文の美を発見したわけでない。むしろ、彼の経験と当時の世界情勢に対する危機感ゆえの主張と理解すべき

岡本太郎「四次元との対話　縄文土器論」
みづゑ558・美術出版社

である。断っておくが、筆者は彼がさまざまなメディアに露出し文化的アイコンになっていた時代の空気を吸い、大阪万博に批判を浴びながらも太陽の塔をつくり、「進歩と調和」という公式のスローガンに反するような不調和を生み出した時代を生きた。そして、岡本太郎の「芸術は爆発だ」「グラスの底に顔があってもいいじゃないか」などの有名なフレーズを繰り返し唱和した世代に筆者は属する。それゆえに岡本太郎の評価を貶(おとし)める気は微塵(みじん)もない。

　岡本太郎は、1951年に上野の国立博物館で開催されていた「日本古代文化展」を観覧し、縄文土器や土偶に出会った。後に問われて太郎は「博物館で発見した」というフレーズを好んで用いた。岡本太郎が発見した縄文土器は、日本古代文化展に縄文土器をキュレーションした考古学研究者の八幡一郎が意図した「見方と解説」に必ずしも合致していなかったかもしれない。しかし、それこそが一方で博物館などが主催する展示の妙である。考古学研究の対象として、その研究成

火焔土器　A式1号（新潟県長岡市馬高遺跡出土／重文／長岡市立科学博物館）

果に基づいた解説とともに展示された考古資料は、考古学的文脈を超えて、モノとして観る者を魅了することがある。また、観覧者それぞれの経験や知識量の違いとともに、展示の背景や意図とは異なる評価を展示物はしばしば獲得する。考古資料の展示は、さまざまな眼差しの交差するきっかけとなり、多くの人々がそれぞれに異なる思索をめぐらせる場となる。

「四次元との対話 縄文土器論」は縄文土器とそれを残した時代に対する岡本太郎と同時代人の違和感を巧みに言い表している。彼は考古学的研究の成果を度外視することを宣言する。曰く「……考古学的説明をする意志は更にないのである。我国に於ける土器の考古学的考証は綿密さに於いて世界に類例をみない。しかし形式上、また技術の角度からの細密な分類、編集に終始し、ひろく文化的或は社会学的な見地から内容に喰い下がって行くという気構えに欠けている。……専門的な考証に捉われず、純粋に土器そのものにぶつかり、直観し、その内容を洞察しなければならない」と。

戦前には日本列島の各地域で勃興する縄文土器の編年には見通しが立っていた。また、登呂遺跡の発掘成果を通して、現代日本に連なる弥生時代以降の文化的伝統が喧伝されていた。岡本太郎の「縄文土器論」を素直に読めば、そのような研究の進展と、敗戦後に採用された日本と日本人に関する新たな公式の物語、歴史記述を理解したうえで、それに敢えて触れない立論を試みたことが分かる。

新たな公式の物語では、日本人の起源や民族的同一性への言及を回避して、日本国の主権の及ぶ範囲「本州、北海道、九州および四国ならびに連合国の決定する小諸島」の考古学的研究の成果が組み込まれた。その際に水田稲作に象徴される農耕民族として日本および日本人は、より強力に弥生に結びつき、縄文以前は、現代日本文化へと続く

進歩の前景と化していった。

　岡本太郎の目論見(もくろみ)は、弥生から現代日本へと連なる伝統に対して、縄文から現代日本へと続く伝統を引き出そうとしたことに力点があり、さらに縄文を介して、当時の現実的問題との格闘を意識していた。「四次元との対話 縄文土器論」には、「芸術」「美学」に関わる表現がしばしば登場する。その中で縄文土器を芸術あるいは美学的に取り上げた表現を列記してみよう。

土偶(新潟県糸魚川市一の宮＊出土／東京国立博物館)　＊長者ヶ原遺跡
Image:TNM Image Archives

「荒々しい、不協和な」
「反対物」
「断絶」
「いやったらしい程逞(たくま)しい」
「激しく強靭(きょうじん)な」
「反美学的な、無意味な、しかも観る者の意識を根底からすくい上げ顚動(てんどう)させる」
「慣習的な審美感では捉えることの出来ない力の躍動と、強靭な均衡」
「非情なアシンメトリー、その逞しい不協和のバランス」
「芸術の為の芸術の如く単に美学的意識によって作り上げられたのではない」
「強烈な矛盾にひき裂かれ、それに堪え、克服する人間の強靭な、表情をこれほど豊かに誇示」
「あの怪奇で重厚な、苛烈極まる」

「過去のもの」
「単なる美学に関りない」

　これらの言葉の連なりは、およそ美を連想させないだろう。なかでも「いやったらしい」「あの怪奇」「過去の」という表現には、縄文を否定している印象すら受ける。逆説的な表現と解することもできるが、弥生以降だけに限定した日本文化の伝統を否定的に取り上げながら、芸術あるいは美学的には肯定した言葉が用いられていることと対照的である。岡本太郎の操った言葉は、人類学や考古学のなかで概念化されたものであり、それらの研究成果にならって体系化した思想であった。ところが岡本太郎自身、その後に発表された文章、あるいは対談などで、「縄文の美」を最初に発見したと、再三にわたって表明した。それゆえに岡本太郎が論じた縄文の意味について、世間の認識はより理解しやすい「縄文の美」に変質していったと思われる。

　そもそも、岡本太郎が1951年に博物館で縄文に初めて邂逅したという告白は疑わしい。2009（平成21）年に大英博物館で開催されたThe Power of Dogu展の図録に紹介されているように、岡本太郎がジョルジュ・バタイユらと親交のあった1930年代のパリには、夭逝した考古学者の中谷治宇二郎（1902～1936）がいて、バタイユの主宰する雑誌で土偶を写真付きで紹介している。岡本とバタイユの関係を考えれば、それを知らなかったとは思えない。また、1930年代には日系アメリカ人の

土偶（山梨県笛吹市御坂町上黒駒出土
　／東京国立博物館）
Image:TNM Image Archives

芸術家イサム・ノグチ（1904〜1988）がさまざまな考古資料をスケッチし、創作の源泉とした。イサム・ノグチは1950年代初めに日本を訪れ、岡本太郎とも会っている。イサム・ノグチが縄文に目を向けていた事実を、岡本太郎が知らなかったとは思えない。既に触れたように、日本では大正から昭和初期に縄文土器や土偶が日本石器時代として世界美術の一翼を担い美術全集や図案集が発行されていた。図案集を手がけた一人、杉山寿栄男が属した日本原始文化研究会は、東京・日本橋高島屋で「原始文化博覧会」を1929年1月に催していた。岡本太郎の視野に入っていなかったかもしれないが、縄文土器や土偶などの考古資料を美術工芸的に評価する機運は高まっていた。そして、再三触れてきたように同時期の考古学は、敗戦日本で新たな公式の物語となる日本史に紹介されることになる縄文土器や弥生土器に関する研究成果を得ていた。

　それでもなお、「岡本太郎が縄文土器を発見した」という評価は揺るがない。縄文土器や土偶に関する研究史と、それらが一般化する経緯をまとめた考古学者の小林達雄（1937〜）は、岡本太郎を改めて高く評価する。岡本太郎は、考古学者や人類学者が石器時代という過去の遺物、原始の人工物として扱ってきた縄文土器や土偶について、水田稲作農業の始まる弥生以降の伝統的な日本文化と対比しながら、狩猟採集民である縄文人が土器や土偶を造形した感性や観念を「四次元との対話」という言葉に仮託し、縄文土器や土偶に特別の輝きを生み出した。そして彼の主張は、彼

土偶（長野県上田市腰越出土／東京国立博物館）
Image:TNM Image Archives

と同時代あるいはそれ以後の創造的活動の基盤となった。それは第2次大戦後のフランスで芸術家たちのアフリカ自然民族あるいはヨーロッパ先史遺物へ向けた眼差しが、日本列島の先史遺物である縄文土器や土偶に同様に注がれるようになったことを意味する。

　岡本太郎が縄文土器論を発表した1952年、彼の友人ジョルジュ・バタイユはラスコー洞窟を訪ね、壁画への関心を高めた。バタイユは岡本同様に新石器に始まる伝統的な農民文化に対して、それよりはるか以前、旧石器の狩猟民が描いた洞窟壁画の芸術性を評価し、古典ギリシアに出発する美術史からの逸脱を図った。

　現代人の視線では、縄文土器や土偶は先史遺物の一つにすぎない。しかし見方を変えて、縄文時代にあっては縄文人の最先端技術の粋である。高度に発達した科学は呪術と区別できないという見方がある。岡本太郎は縄文土器や土偶を同様の見方で、その芸術性を「四次元との対話」「呪術」「精霊」と表現した。「芸術の為の芸術の不幸」を憂い、自身を含む現代の芸術家が現実世界の問題の解決に、縄文人と同様の呪術的な干渉を主張した。

　「縄文土器」を冠した岡本太郎の論文は、考古学や民族学・人類学の研究者を直接の読者としていなかった。しかし、彼の主張は、周囲の芸術家や建築家、あるいは批評家の一部に受け入れられた。建築家の白井晟一（1905〜1983）や丹下健三（1913〜2005）らは、同時代に日本の建築について論じるなかで、縄文と弥生の対比を用いた。当時、岡本太郎や丹下健三は「草月流」の創始者である勅使河原蒼風（1900〜1979）のサロンに集い、1952年に、柳宗理（1915〜2011）、亀倉雄策（1915〜1997）らとともに、日本の工業デザインを改善する国際デザイン委員（後のグッドデザイン委員、現在は日本デザイン委員）に関わっていく。

Column ## 学校教科書と考古資料

　1945（昭和20）年の敗戦後に大きく変わったものに学校教育の教科、教科書があった。1947（昭和22）年の教育基本法と新学制で、修身に代わる公民、歴史および地理が新設された「社会科」に組み込まれた。1948（昭和23）年には、今に続く小学校6カ年、中学校3カ年の義務教育化、高等学校3カ年、大学4もしくは6カ年の学校制度が始まった。学習指導要領が定められ、文部省（現・文部科学省）の検定を通過した新しい「社会科」の教科書は、1952（昭和27）年に登場した。

　「社会科」のなかで歴史は、小学校では高学年の教科書に簡略な日本史を載せ、中学校では日本史と世界史の混合した歴史的分野の教科書となり、高等学校で独立した日本史と世界史の教科書がつくられた。「社会科」の歴史的内容では、記紀から紡がれた物語に代わり、考古学研究の成果が用いられるようになった。その際、日本の歴史は、ポツダム宣言にある日本国の主権の及ぶ範囲、すなわち本州、北海道、九州および四国ならびに連合国の決定する小諸島に限られ、いわゆる日本列島中の遺跡、遺構と遺物とが物的証拠として採用された。旧石器（先土器）時代、縄文（式土器・式文化）時代、弥生（式土器・式文化）時代、古墳時代の順序に配された

丸底隆起線文土器（長野県須坂市石小屋洞窟出土／國學院大學博物館）

円孔文土器（新潟県十日町市壬遺跡出土／國學院大學博物館）

諸磯式（山梨県笛吹市花鳥山遺跡出土／國學院大學博物館）

時代区分、日本史冒頭である。

　小学校社会科の歴史的内容を扱う教科書では、日本史の冒頭は今も「大昔（むかし）」と記述され、考古学の研究成果に依拠した時代区分は強調されていない。そもそも、ほとんどの「社会科」の歴史教科書では、著作者に考古学の研究者は名前を連ねていない。考古学研究者に相談したと思われるが、それすら明記されていないことが多い。そのようななか、民俗学の祖、柳田國男（1875～1962）を著者とする小学校社会科の教科書（実業之日本社）が「大昔」「ちょっとむかし」の表現を用いていることが注目される。

　社会科の歴史的内容を扱う教科書では、小学校、中学校、高等学校の区別なく、考古学研究の物的証拠として、石器や土器などの考古資料が掲載された。イラスト後にモノクロ写真、平成になるとカラー写真が用いられた。旧石器時代の岩宿（いわじゅく）遺跡のように、掲載される考古資料の多くは定番化しており、学習指導要領の改定とともに、再構成され刷新される教科書でも変化することは少ない。

　教科書に掲載された考古資料で、志賀島で発見された金印（福岡市博物館）は、昭和・平成を通じて掲載され続けている。縄文土器や弥生土器、青銅器、埴輪（はにわ）などは、国立博物館の収蔵品が用いられる頻度が高い。中でも亀ヶ岡（かめがおか）出土の遮光器（しゃこうき）土偶（東京国立博物館）、伝讃岐（伝香川県）出土の銅鐸（どうたく）（東京国立博物館）を採用する教科書は多い。繰り返し掲載される同じ考古資料の写真は、世代を超えて土偶といえば…という効用をもたらす。学習効果のほどは定かではないが、視覚的に記憶される考古資料は、「あ、コレ知ってる！」といえるアイコンの役割を大いに果たすゆえんである。

　水田稲作、農業を始めた弥生時代の説

土版（茨城県稲敷市福田貝塚出土／重文／東京国立博物館）
Image:TNM Image Archives

明では、弥生時代の登呂遺跡は長らく定番中の定番であった。愛知県名古屋市熱田出土の弥生土器（東京国立博物館）は縄文土器と対比され掲載が多い。対して縄文時代は狩猟漁労採集の弥生時代に劣る暮らしぶりが説明され、弥生時代の木製農具と鉄製の刃、銅戈、銅矛、銅鐸などに対して、石器や骨角器が示される。

考古学的証拠に基づく、日本史の時代区分でいえば、土器出現をもって縄文時代としている。いま、放射性炭素^{14}C測定値を暦年較正した最も古い日本列島の土器は約1万5,000年前、水田跡に伴う土器の年代は約2,900年前、その間のざっと1万3,000年間が縄文時代に当たる。縄文土器の編年は、それを6期（草創期、早期、前期、中期、後期、晩期）に時期区分している。草創期から早期まで、平底の土器のほかに尖底あるいは丸底の土器が特徴的に見られる。また、縄文土器は、器形だけではなく、突起や文様などの造形が多様であり、日本列島の多様な

押型文尖底土器（新潟県津南町卯ノ木遺跡出土／新潟県指定文化財／長岡市立科学博物館）

室谷上層復元土器（新潟県阿賀町室谷洞窟出土／重文／長岡市立科学博物館）

環境に対応するような地域性を有し、古代の令制国にほぼ準じた範囲で共通した特徴を示す。このような縄文土器の多様性を詳細に説明し、網羅的に掲載する教科書は、小学校、中学校、高等学校を通じて存在しない。どの教科書も代表的な縄文土器が厳選されて掲載される。

既に触れたように縄文土器も東京国立博物館収蔵品が多く選ばれ、千葉県姥山貝塚の中期土器（加曽利E式）東京都小豆沢貝塚の後期土器（称名

寺式）などが定番化している。それらに加えてよく利用される考古資料に、長野県石小屋洞穴の草創期丸底土器（國學院大學博物館）、新潟県卯ノ木遺跡出土の早期尖底土器（長岡市立科学博物館）、山梨県花鳥山遺跡の前期土器（國學院大學博物館）、青森県是川遺跡の晩期土器（八戸市是川縄文館）などがある。

2016（平成28）年に「『なんだ、コレは！』信濃川流域の火焔型土器と雪国の縄文文化」というタイトルで日本遺産となった火焔型土器は、越後国と佐渡国をあわせた新潟県域に相当する地域でのみ発掘される。約5,000年前の中期土器である。大仰な突起を持つ火焔型土器は、しばしば縄文土器の典型として、社会科の教科書に掲載されている。

把手付大形深鉢（長野県伊那市宮ノ前出土／東京国立博物館）
Image:TNM Image Archives

学校の社会科教科書における使用例を調べると、1950（昭和25）年度から2015（平成27）年度までの社会科の検定教科書では、小学校15社中7社、139冊中24冊、中学校37社中12社、237冊中36冊、高等学校30社中17社、総計

深鉢形土器（東京都あきる野市牛沼出土／東京国立博物館）
Image:TNM Image Archives

324冊中99冊にのぼる。なお、2016年度検定では日本史Bは1社中1社、1冊中1冊に火焔型土器の掲載があるが、福島県法正尻遺跡出土土器で、火炎系土器と呼ばれる典型から外れる個体である。ちなみに2012（平成24）年度検定の同じ出版社（山川出版）にも福島県法正尻遺跡出土土器が採用されている。教科書掲載の考古資料の写真は一度採用されると変わ

顔面把手（東京都あきる野市草花字松山前出土／東京国立博物館）
Image:TNM Image Archives

らない傾向にある。表現が不適切かもしれないが、教科書の改訂とは別に使い回されているようである。

社会科のなかに日本史と位置付けられた教科では、早くも1951（昭和26）年文部省検定の高等学校日本史教科書（実業之日本社）に新潟県長岡市馬高遺跡の火焔型土器（A式2号）のイラストが載っているが、火焔土器A式1号はなかなか登場しない。

それより早く与板町（現・長岡市）の上稲葉遺跡出土の火焔型土器の写真を掲載する教科書がある。1963（昭和38）年検定の高等学校日本史である。発掘後、早々の登場であった。1965（昭和40）年の文部省検定を通過した中学校社会科教科書で初めて火焔土器の写真が2社2冊に掲載された。一つは火焔A式1号の写真（大阪書籍）で、一つは火焔A式2号（中教出版）であった。次いで、1967（昭和42）年文部省検定の高等学校日本史教科書（山川出版）に火焔A式1号が登場する。小学校社会科教科書の初出は、1968（昭和43）年文部省検定で、火焔A式1号の写真であった。以後、小学校社会科教科書に掲載される火焔A式1号の写真が縄文土器の定番になった。

教科書における火焔土器の使用では、もう一つ注目すべきことがある。多くの教科書に縄文土器の典型として資料写真が掲載されるとともに、目次や項目のアイキャッチに、火焔土器風のイラストが使用されることが多々ある。後述する大衆消費出版文化の一つマンガに登場する火焔型土器の描かれ方と共通する用法といえよう。また、火焔土器の写真は、教科書本編のみならず巻頭カラー図版として掲載されることが多い。なかでも高松塚古墳壁画が新聞を賑わせて以後、それに並ぶ存在として、ともに巻頭カラー

図版に収まるようになった。巻頭カラー図版は多くの場合に文化史を見出しにしていて、考古資料の次に仏像が配されている。

　社会科で文化史の項目に考古資料の写真が使われることと対をなすように、美術・芸術史を図式的に紹介するなかで、原始芸術あるいは先史芸術として考古資料が取り上げられ、中学校や高等学校の美術・芸術の教科書には、縄文土器や弥生土器の写真が載る。また、小学校の図画工作では、粘土細工の作例として縄文土器が提示されていた。1970（昭和45）年文部省検定の小学校5年向けの図画工作教科書に載った火焔A式1号の写真が初出である。その後、図画工作、美術、芸術の教科書に掲載される縄文土器は、ほぼ例外なく火焔型土器である。

　昭和から平成に移り変わり、学習指導要領に大きな変化があった。2002（平成14）年に本格的に始まる、いわゆる「ゆとり教育」である。小学校社会科では、日本の歴史を弥生時代から教えることとなった。岡本太郎の「四次元との対話　縄文土器論」の論駁（ろんばく）した弥生に始まる日本の伝統に戻る歴史観である。ただし、教科書を見ると、縄文時代の説明はむしろ増えた教科書が多かった。社会科と別に設けられた総合学習で地域の博物館利用が推奨され、社会科の教科書巻頭に縄文時代の調べ方が付された。

深鉢形土器（青森県下北郡東通村裏部出土／東京国立博物館）
Image:TNM Image Archives

深鉢形土器（千葉県市川市柏井町姥山貝塚出土／東京国立博物館）
Image:TNM Image Archives

深鉢形土器（壺形土器）（東京都板橋区小豆沢貝塚出土／東京国立博物館）
Image:TNM Image Archives

コラム　学校教科書と考古資料

銅戈（福岡県前原市井原赤崎出土／東京国立博物館）
Image:TNM Image Archives

袈裟襷文銅鐸（静岡県浜松市南区芳川町出土／東京国立博物館）
Image:TNM Image Archives

　いわゆる「ゆとり教育」の本格化以前、1999（平成11）年6月7日に縄文土器に初めての国宝が誕生した。新潟県十日町市笹山遺跡出土深鉢形土器57点である。深鉢形土器57点には火焔型土器を20個体含み、土器・土製品類72点、石器・石製品類791点、ベンガラ塊8点を附として一括指定された。1995（平成7）年に国宝指定された土偶、長野県棚畑の縄文のビーナスに次いで、火焔型土器は考古資料としてだけではなく、美術工芸品として国のお墨付きを与えられた。その後、縄文時代の土偶は、2007（平成19）年北海道著保内野、2009（平成21）年青森県風張、2012（平成24）年山形県西ノ前、2014（平成26）年長野県中ッ原と着実に国宝を増やしていった。

　そして、国宝になった土偶や縄文土器は、縄文時代の省かれた時期の教科書でも、地域博物館の利用案内の一部として掲載され存在感を発揮している。そして、2011（平成23）年に「ゆとり教育」の学習指導要領が見直され、縄文時代の説明が復活した小学校社会科の教科書に、国宝になった土偶や縄文土器の写真は引き続き掲載されている。

　学校教育に関わって、考古学の研究内容が掲載される教科として、国語を最後に取り上げよう。

　国史から日本史に代わる以前、1938（昭和13）年の『小學國語讀本 巻十二』に「古代の遺物」が収められている。前年7月7日の盧溝橋事件に始まる日中戦争下の文部省を著作兼発行者とする尋常科用教科書である。考古学者の濱田耕作（1888～1938）が執筆した「古代の遺物」は、大昔を三時期区分法で説明し、石器、土器、青銅器のイラスト、前方後円墳の

写真を配する。博物館における遺物保存や史跡保護の意義も漏れなく伝える。

「古代の遺物」に火焔土器はない。しかし、「古代の遺物」は、火焔土器出土の馬高の発掘に尽力した近藤勘治郎（1882〜1949）・篤三郎（1907〜1945）親子との奇縁を感じさせる。

中部考古學會彙報（第3年第5報、昭和13年11月）は、新潟県で開催された中部考古学会第2回大会について、1938年9月23日から9月25日までの3日間のすべてを記録する。1日目は三島郡関原町（現・長岡市）近藤考古館・馬高遺跡の調査で、2日目に新潟市の中野財団新潟郷土博物館講堂における総会、3日目を北蒲原郡加治川村（現・新発田市）山草荷遺跡の調査に充てていた。彙報表紙には参加者名の添えられた記念撮影写真があり、近藤篤三郎が名を連ねる。その大会に寄せられた当時の新潟県学務部長、岡利和の祝辞に「古代の遺物」が登場する。

平形銅剣（愛媛県松山市道後今市出土／東京国立博物館）
Image:TNM Image Archives

中部考古學會彙報

（前略）……

　今や時局は益々重大にして、更に一段の緊張を要し、層一層と國體明徴の基礎的觀念を確乎たらしめねばならぬことは申す迄もありません。

　それは幾多の方法手段もある事ですが考古學の研究により郷土に於ける上代文化の跡を尋ぬることも、確に其一方法であります。

　政府當局もこゝに見る所あり、本年十月より使用すべき國定教科書尋常六年用小學國語讀本卷十二に、今は故京都帝國大學總長濱田先生の絶筆となつた「古代の遺物」と題するのを掲げられたのであります。この一文は第八頁より第十六頁に亘つて、石器時代、銅器時代、鐵器時代、並古墳に就いて説述したもので、非常に名文であります。

……（後略）

　尋常科の国語読本は、「庶物科、観察科、郷土科、理科初歩等に於いて取扱ふべき材料は悉く、之を國語讀本の事物に含ましめたり」（棚橋源太郎1901『國定小學讀本準據庶物標品』日本書籍）という多様な内容を取り上げ、他教科への接続が企図されていた。そのような教科教授の方針で

壺形土器（愛知県名古屋市熱田区高蔵町／重文／東京国立博物館）
Image:TNM Image Archives

埴輪　腰かける巫女（群馬県大泉町古海出土／重文／東京国立博物館）
Image:TNM Image Archives

あったとしても、高等小学校以降には記紀に基づく国史がある。そのようななか、尋常小学校の国語では考古学的な歴史の理解を叙述した「古代の遺物」が提供されていた。それを、学校教育を掌（つかさど）る県学務部長が、中部考古学会への祝辞とはいえ、取り上げていることは興味深い。

戦後の国語教科にも、考古学的話題を取り上げたものがあった。1953（昭和28）年文部省検定、翌年改訂の『国語 六の下』（教育出版）所収の「日本の文化」である。筆者が学校で使用された教科書に載る考古資料を網羅しようと躍起になっていたとき、恩師から複写を頼まれた教科書であった。恩師は「石器や土器が貝塚から掘り出せる」ことを国語の教科書で読み、考古学に興味を抱いたという。言われてすぐに探す方も探す方だが、すぐに見つかった。確かに同じ文言があり、じょうもん式土器、やよい式土器、登呂遺跡の写真が配されていた。そして、この一文で考古学に目覚めた人物こそ、「越

埴輪 船（宮崎県西都市西都原古墳群出土／重文／東京国立博物館）
Image:TNM Image Archives

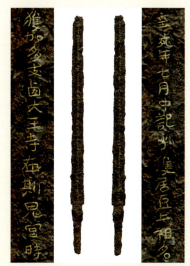

稲荷山古墳出土金錯銘鉄剣「獲加多支鹵大王」（埼玉県行田市稲荷山古墳出土／重文／文化庁所有／写真提供：埼玉県立さきたま史跡の博物館）

後新潟火炎土器のクニ」（1981『月刊文化財』215 ぎょうせい）、「火炎土器様式」（1988『縄文土器大観3中期2』小学館）を発表し、火焔型土器を2020東京五輪の聖火台のデザインに昇華させる提案をしている考古学者の小林達雄（國學院大學名誉教授・新潟県立歴史博物館名誉館長）である。

コラム 学校教科書と考古資料 47

第4章　1960　火焔土器の物語

　岡本太郎の「四次元との対話　縄文土器論」は、多く引用される有名な文章で始まる。

　縄文土器の荒々しい、不協和な形態、紋様に心構えなしにふれると、誰でもがドギッとする。なかんずく爛熟した中期の土器の凄まじさは言語を絶するのである。
　激しく追いかぶさり重なり合って、隆起し、下降し、旋廻する隆起紋、これでもかと執拗に迫る緊迫感、しかも純粋に透った神経の鋭さ、常々芸術の本質として超自然的激超を主張する私でさえ、思わず叫びたくなる凄みである。

近藤篤三郎

近藤勘治郎

　この文とともに冒頭ページ中央に配された縄文土器が、新潟県長岡市馬高遺跡出土の火焔土器である。「縄文土器論」には、土器と土偶の写真が22葉（19個体）掲載されているが、いずれの写真も『みづゑ』を発行する美術出版社の編集部が手配したものだという。美術を冠した出版社はカメラマンではない岡本太郎の撮影の写真の掲載を拒み、編集部が写真を手配したらしい。火焔土器を除けば、

東京の国立博物館や東京大学理学部人類学教室の所蔵する縄文土器や土偶である。

　東京に火焔土器はない。そして、岡本太郎が縄文土器を発見したと主張する1951（昭和26）年の国立博物館「日本古代文化展」にも列品されていない。火焔土器は同じ年に開館した長岡市立科学博物館にあった。つまり、「縄文土器論」執筆時に岡本太郎自身は火焔土器と出合っていない。彼が火焔土器を見て「なんだ、コレは！」と叫んだとすれば、それよりかなり後のことである。長岡市立科学博物館には「火焔土器の激しさと優美さ」という岡本太郎の言葉が残る。それは駒形十吉（1901〜1999）のコレクションをもとに、日本初の「現代」を冠した美術館として知られる長岡現代美術館が1964（昭和39）年に開設され、岡本太郎を長岡に招いて以後のことであったと思われる。

近藤考古館絵葉書（長岡市立科学博物館）

　いま、火焔土器（火焔型土器）は縄文土器のなかでも、ひときわ高い知名度を有すると思われる。「火焔土器」は縄文土器の一個体のニックネームとして通有するようになったといわれている。1936（昭和11）年大晦日午後、近藤篤三郎によって馬高遺跡で掘り出され、その後に丸々一個体の姿かたちに復元された。長岡市立科学博物館の中村孝三郎（1910〜1994）の紡いだ「火焔土器物語」である。実際の経緯とは異なる可能性も指摘されているが、この発掘譚が火焔土器の知名度を高める背景の一つになったことだろう。少なくとも筆者自身

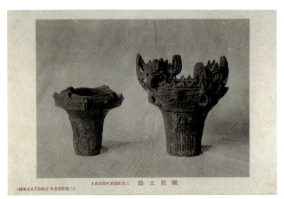
中野財団絵葉書（個人蔵）

は小学生時分に『古代の追跡』（1970、講談社）で火焔土器のことを初めて読んだので、強い印象を持っている。

　馬高・三十稲場(さんじゅういなば)（現・国指定史跡）は、越後三島郡関原町（現・長岡市関原町）の近藤家3代、勘太郎、勘治郎、篤三郎によって明治、大正、昭和と元号の移り変わる長きにわたって調査され、その収集品は自邸を近藤考古館として保管された。そこに出入りした人々が、火焔土器の愛称を使い始めたといわれる。そして、後に類する個体が幾つも復元され、火焔型土器と呼ばれるようになった。

　意外なことに、馬高遺跡に関する初期の論考は、滑車形耳飾りなどの土製装飾具を主題にしていて、土器に関する記載は少ない。もっとも「火焔土器物語」の時系列に従えば、論文発表時には火焔土器の復元された個体がなかったことになる。それを裏付けるように、『新潟縣史跡名勝天然紀年物報告』（1937年、新潟県）の石器時代遺跡採集遺物集成には、近藤家採集品が掲載され、遺跡地名表に馬坂（原文のまま。馬高のこと）の地名があるものの、採集土器は載っていない。また、八幡一郎指導の縄文土器編年では中期に「長者ヶ原(ちょうじゃがはら)」「塔ヶ崎(とうがさき)」

とあり、馬高出土品には触れられていなかった。『考古学辭典』(1951年、改造社）所収の編年表ならびに解説項目もまた「長者ヶ原」であった。

近藤考古館にあった収集品は長岡市立科学博物館に寄託され、順次寄贈されていった。前出の中村孝三郎によって馬高遺跡出土品は『馬高No.1』(1958年、長岡市立科学博物館）として報告され、越後長岡の縄文中期に「馬高式」という縄文土器の相対年代の単位を示す型式名になった。『馬高No.1』に火焰型A式1と表記された個体こそが、いま「火焰土器」と呼ばれているものである。その後「火焰土器」は火焰型A式1号の指個名称（固有名詞）といわれるようになった。

既に触れたとおり、馬高に関する最初の論考には土器に関する言及はわずかである。「火焰土器物語」の時系列に従えば、「火焰土器」火焰型A式1の復元以後の可能性が高い1938（昭和13）年、新潟県で開催された中部考古学会第2回大会1日目（9月23日）に近藤勘治郎氏邸考古室および同所馬高遺跡調査が充てられた。「參觀した會員諸氏は有益に且滿足」「發掘を試みて爐址を發見」の記録はあるが、いま「火焰土器」と呼ぶ火焰型A式1に関する言及はない。

また、近藤考古館発行の石器時代遺物繪葉書輯には、『馬高No.1』で火焰型A式2と表記された土器はあるが、「火焰土器」火焰型A式1はない。このころ、絵葉書は印刷技術の普及とともに大量に製作さ

火焰土器 A式1号（新潟県長岡市馬高遺跡出土／重文／長岡市立科学博物館）

第4章 1960 火焰土器の物語

れ、考古資料を周知するマスメディアの役割を担っていた。発行された絵葉書の素材を介してみると近藤考古館には「火焔土器」火焔型A式1を周知、宣伝した痕跡が認められない。

われわれが「火焔土器」と呼ぶ火焔型A式1が広く知られるようになった直接の契機は、1963（昭和38）年にフランス・パリのプチ・パレ美術館で開催された日本古美術展と翌1964年にオリンピック東京大会の文化プログラムとして開催された東京国立博物館の日本古美術展への出陳と考えられていた。

それ以前、新潟県内では北方文化博物館で1949（昭和24）年の綜合日本考古展と、1952（昭和27）年の越佐考古展に馬高遺跡出土品が供され、また長岡市立博物館開館以降には列品もされていたと思われるが、「火焔土器」火焔型A式1の出品履歴をなかなかたどれなかった。

神奈川県横須賀市夏島貝塚の縄文土器が世界最古と報じられた1960年（昭和35年）とくしくも同年、5月12日の毎日新聞に八幡一郎の執筆した記事を発見した。「古代のクラフト―縄文美術展―」に関するもので、「火焔土器」火焔型A式1号の写真がある。

「古代のクラフト縄文美術展」は東京・日本橋の白木屋で開催された展覧会で、同年5月11日から16日まで日本で催された世界デザイン会議の関連事業であった。どうやら同展出品の縄文土器や土偶は八幡

火焔土器　A式2号（新潟県長岡市馬高遺跡出土／重文／長岡市立科学博物館）

一郎がキュレーションしたらしい。図録・出品目録も確認したが、確かに「火焔土器」火焔型A式1号が出品されていた。「古代のクラフト縄文美術展」こそ、火焔土器の新潟県外への初出品の展覧会であろう。

　1960年5月13日の読売新聞（夕刊）に川添登（1926〜2015）の世界デザイン会議にかかる展覧会としての「縄文美術展」批評がある。「展示デザインという面から眺めると、全体の中で群を抜いているのは、建築家菊竹清訓（1928〜2011）とグラフィックデザイナー田中一光（1930〜2002）が担当した『縄文美術展』であろう。空間と光影とを上手につかった展示だった。ただ、土器の下にワラを敷いてあるのはどうか。質感があわないばかりでなく、狩猟時代の縄文期にワラはなかった。その点、毛皮、砂、貝ガラを敷いたのは面白い」

　川添登の批評から「古代のクラフト縄文美術展」の出品や解説には八幡一郎などの考古学研究者が関わっているが、企画そのものには、世界デザイン会議のプランニングに関わった建築家やデザイナーの意向が大きかったことが知れる。世界デザイン会議の実行委員には勝見勝（1909〜1983）、坂倉準三（1901〜1969）、柳宗理、亀倉雄策、丹下健三らが名を連ね、浅田孝（1921〜1990）、菊竹清訓、黒川紀章（1934〜2007）、大高正人（1923〜2010）、栄久庵憲司（1929〜2015）、粟津潔（1929〜2009）、槇文彦（1928〜）、川添登らのメタボリズムグループの結成の契機となった。この後、彼らは1970（昭和45）年に大阪府吹田市千里で開催された国際博覧会に大きく関与することになる。既に触れたように、彼らの多くは岡本太郎との交誼を持ち、1952年前後から行動をともにする同志のような人々であった。彼らの求めに応じて、八幡一郎ら考古学研究者が展覧される考古資料を選定したのであろう。

　「古代のクラフト縄文美術展」を主催した毎日新聞社は、図録の趣旨文に縄文土器や土偶に関して「近代の巨匠ピカソの作品を思わすも

のもあれば」の惹句を忘れない。また、八幡一郎は岡本太郎の「縄文土器論」に対する皮肉とともに、承認を与える文を寄せている。「縄文式文化は考古学によって極められた文化であって、農耕文化すなわち弥生式文化が生まれる直前までつづいたことが実証されている」「この文化の基盤となるものが、石器時代人通有の狩猟と漁撈であったことはいろいろな方面から指摘できる」「土偶の意味は明らかでないが、多くの学者が考えるように、呪術的または精霊的な性格を帯びている」「土器ほか、生活に必要な道具……造形上の配慮の陰に呪術的なものがあることは、その形の誇張や装飾のものものしさなどから察せられる。」

岡本太郎の主張に共感していたデザイナー、建築家、批評家らが関わり、考古学者の協力した1960年の「古代のクラフト縄文美術展」は「縄文」発信のこれまで知られていなかった画期と考えられる。そして、現代にあって縄文土器の象徴的存在といえる火焔土器が展覧会や出版物に引く手数多になる経緯には、1952年の岡本太郎「縄文土器論」冒頭の鉢形土器写真が火焔土器であったことが大きく影響していたと目される。

1963年のプチ・パレ美術館の日本古美術展は東京国立博物館の野間清六(1902〜1966)が担当した。野間清六は日本美術史、特に彫刻史を専門とする。展示された考古資料の選定には、東京国立博物館の同僚で考古学を専門とする八幡一郎の意向が反映されたことが推測される。八幡一郎は前述したよ

縄文式土器(新潟県長岡市馬高遺跡出土／重文／長岡市立科学博物館)
東京国立博物館1949『日本美術史総合展図録』掲載

うに新潟県の縄文土器編年を指導する立場にあり、火焔土器A式1号に先立ち、1951年の国立博物館で開催された日本古代文化展のパンフレット「見方と解説」では火焔土器A式2号の写真を使用していた。さらにそれ以前、1949年の国立博物館『日本美術史総合展』では、馬高遺跡の火焔土器ではない個体、後に縄文土器の相対年代を示す単位である型式「塔ヶ崎式」あるいは「栃倉式」に対応する縄文式土器を出品している。

八幡一郎は考古学史では山内清男、甲野勇ととともに縄文土器の編

毎日新聞（1960年5月12日付）　八幡一郎　古代のクラフト—縄文美術展—

第4章　1960　火焔土器の物語　55

年を整備した編年学派三羽烏とも称される。考古資料の相対年代、すなわち年代の前後、新旧の関係を確定するうえで、地層類重の法則を適用できる出土品の層位的関係の記録は重要である。縄文土器の編年では、東北から関東にかけての太平洋岸、東京湾岸の貝塚遺跡の発掘調査が重要な役割を果たした。そのため、貝塚の少ない地域の縄文土器の編年は、それらの地域とは対照的に遅れをとることになった。縄文土器の編年では、層位的に発掘された縄文土器に対して、解剖学的所見といえる形態や文様の変化を追跡する型式学的方法が併用され、層位的に年代的序列の判断された縄文土器と形態や文様の共通する、あるいは類似する土器を基準にして、層位的出土記録の乏しい土器に

読売新聞夕刊（1960年5月13日付）　川添登　デザイン会議記念展から

年代的位置が与えられていった。

　八幡一郎は関東地方の中期縄文土器を参照して、越後中期の縄文土器を定めていったと考えられる。『日本美術史総合展』展示の馬高遺跡出土深鉢形土器は、関東の加曽利E式土器と対比できることを意図した選定だったのだろう。対して火焔型土器は、それとほぼ同時代もしくは前後する縄文土器ではあるが、直接に対比できる根拠に乏しかったがゆえに、選に漏れたと思われる。報告書『馬高No.1』が刊行され、編年の見通しが定まったところで火焔土器はプチ・パレ美術館の日本古美術展出品に至ったらしい。

　一方で、火焔土器の選定にあたって、1960年に日本橋白木屋で開催された「古代のクラフト縄文美術展」への出品履歴も考慮されたに違いない。また、野間清六の希望もあったことだろう。このとき、火焔土器A式1号が海をわたることになったが、八幡一郎が国立博物館『日本古代文化展』のパンフレット「見方と解説」で使用していた写真図版は火焔土器A式2号であり、関雅之（2006「火焔土器名称考」新潟考古17、77〜90ページ）が指摘するように考古学研究者の間では、火焔土器A式2号の方がよく知られた存在であった。

　火焔土器A式1号は、それまでに展示履歴不詳で、かつ絵葉書や書籍などにも掲載されていない。国立博物館『日本古代文化展』に陳列された縄文土器に触発された岡本太郎の「四次元との対話　縄文土器論」冒頭の写真、それこそ火焔土器A式1号のメジャーデビューにほかならない。考古学研究者の多くからは等閑視されたかもしれないが、日本美術史を専攻する野間清六には違った感想があったのであろう。

　このとき、火焔土器とともに幾つかの縄文土器と土偶が海を渡った。そのうちの一つに長野県富士見町曽利遺跡4号住居跡出土の縄文土器がある。後に水煙渦巻文土器として知られる個体である。官製はがき

の図案に採用され、火焔土器と比肩する知名度を有する。火焔土器発見奇譚の1936年に対して、曽利遺跡の発掘調査は1959（昭和34）年で、プチ・パレ美術館の日本古美術展出品は、ほとんどすぐの出来事である。

曽利遺跡4号住居址
（藤森栄一1965『井戸尻』掲載）

　火焔土器の発見奇譚に登場する年代と比較すると、あまりに早い展示デビューである。一つには八幡一郎の存在が背景にあろうかと推察される。八幡一郎は長野県諏訪郡平野村（現・岡谷市）の出身であり、郷土の縄文土器を取り上げたことが考えられる。

　もう一つは曽利遺跡の発掘調査を行った藤森栄一（1911～1973）の存在が考えられる。藤森栄一は、近藤勘治郎・篤三郎親子による越後馬高遺跡に関する論文が掲載された『考古学』を発行していた東京考古学会の運営に携わり、かつ近藤勘治郎と連名で馬高遺跡に関する論文を発表している。また、藤森栄一は中部考古学会の会員として、1938年、新潟県で開催された中部考古学会第2回大会に参加しており、復元された馬高遺跡の出土品を目する機会があった。

水煙渦巻文土器など曽利遺跡4号住居址の出土品
（藤森栄一1965『井戸尻』掲載）

　1959年に曽利遺跡4号住居址で発掘され、後年に井戸尻（いどじり）編年の標式資料となった水煙渦巻文土器（藤

森栄一編著1965『井戸尻　長野県富士見町における中期縄文時代遺跡群の研究』中央公論美術出版）について、一般向けに発行された藤森栄一の著書の巻頭には「日本美術史のあけぼのは、井戸尻の渦巻文大把手付土器と、越後馬高の火焔形土器の造形からはじまるといっていいと思う」と書き記した（藤森栄一1965『井戸尻遺跡』中央公論美術出版）。

　なお、プチ・パレ美術館と東京国立博物館との間、火焔土器は不祥事に見舞われている（中村孝三郎1970「火焔土器物語」『古代の追跡　火焔土器から蒼い足跡まで』講談社）。詳細は中村孝三郎の記述のみであるが、プチ・パレ美術館に出陳されて帰国した火焔土器は器表剥落の危難に遭遇する。オリンピック東京大会日本古美術展図録（1964）には、定価12,000円の豪華な図録のほかに、定価500円の廉価版がある。その2冊ともに火焔土器の写真が掲載されるが、器表の剥離を再修復した無着色の石膏部分が見える。危難後に中村孝三郎が修復した痕跡であろう。そして、この後、火焔土器と呼んでいる個体火焔A式1号は、長らく展覧会などへの出品が控えられるようになった。

新潟日報朝刊（1964年4月22日付）

Column　出版と火焰土器

　日本の歴史を記述するときに、考古学の研究成果が加わるようになると、学校で使用される社会科の教科書には考古資料のイラストの写真が多く掲載された。教科書の多くは、昭和の間、単色刷りもしくは2色刷り程度で、フルカラーの写真はせいぜい巻頭口絵などに限られていた。平成以降に急速に進んだコンピューターの高性能化とデジタル処理技術の普及は、低価格で高品位な印刷・出版をもたらした。学校の教科書も、いまではフルカラーが当たり前である。ふんだんにフルカラーの写真で考古資料が紹介される教科書を使用する子どもたちが思い描く日本の歴史では、旧石器、縄文、弥生、古墳と続く考古学の担当する日本の歴史冒頭について、かつてとは異なる印象を抱いていることだろう。

　印刷技術の発展は、さまざまなことを大衆化あるいは一般化してきた。印刷・出版は文字記録や画像記録の複製を大量に生み出し、物事の真性を揺るがす場合もあるが、モノやコトを周知するうえで大量に配布、頒布できる印刷・出版物は欠かせない。浮世絵が遍(あまね)く世間に広まり、引き札が商売を成功に導くように、学術的な成果の普及もまた印刷技術の発展に支えられてきた。

　筆者は、火焰(かえん)土器をはじめとする考古資料が広く世間に知れ渡る過程を、図や写真が掲載された出版物の編年で追跡している。考古学における現在的研究の基盤となる成果の多くは、大正から昭和初期にかけて完成されていた。また、美術として1928（昭和3）年に出版された『世界美術全集』第3巻に「日本石器時代」の項がある。あくまでも世界美術の一つであって日本美術ではない。日本美術に含まれるようになるのは、1945（昭和20）年以降にポツダム宣言で規定された日本国の主権の及ぶ範囲がほぼ日本列島となり、そのような範囲で日本の歴史が紡がれるようになって以後である。日本石器時代を担った民族集団への言及を抑制し、日本国の主権が及ぶ地域の出土品として扱うことで、考古学の成果が日本の歴史に組

み込めるようになり、日本美術史にも登場できた。

　学校教育では社会科で扱うことになった日本の歴史に関する教科書の執筆者には、考古学研究者の名をほとんど見つけられない。対して戦前の『世界美術全集』の「日本石器時代」にしろ、戦後の日本美術に加わった「石器時代」にしろ、考古資料を取り扱うパートは考古学の研究者ばかりである。

　1949年（昭和24）年の国立博物館『日本美術史総合展』では既に立派な図録が刊行されており、そこに出品された縄文土器を知ることができる。国立博物館収蔵品に交じって、「1　縄文式土器　近藤勘次郎氏蔵」がある（名前にある「次」は原文のまま。正しくは「治」）。日本美術史と冠された展覧会に出品された記念すべき縄文土器第1号は、火焔土器ではなく、同じ馬高遺跡出土の異なる土器であった。

　岡本太郎が「四次元との対話　縄文土器論」を執筆する契機となった1951（昭和26）年の国立博物館『日本古代文化展』の図録にも火焔土器は姿を見せない。『日本古代文化展』のパンフレット「見方と解説」には火焔土器A式2号の写真があるものの、出品されていない。

　馬高遺跡の火焔土器A式1号を掲載した初の出版物は、1952（昭和27）年2月に発行された美術出版社『みづゑ』558である。岡本太郎が執筆した「四次元との対話　縄文土器論」冒頭ページの鉢形土器こそ火焔土器A式1号にほかならない。同年に使用の始まった高等学校の日本史教科書のなかには火焔土器A式2号のイラストはあるが、写真を用いていない。

　「四次元との対話　縄文土器論」に使用された写真は、既に触れたように美術出版社『みづゑ』編集部の手配したものであったという。写真の縄文土器や土偶は、国立博物館や東京大学理学部の所蔵品である。そのころ、火焔土器は近藤勘治郎私設の考古館を離れ、北越製紙株式会社社長田村文吉の寄付などをもとに1951年8月に創設された長岡市立科学博物館に寄託されていた。掲載する縄文土器や土偶の写真を選ぶうえで、美術出版社『みづゑ』編集部が相談した考古学研究者がいたに違いない。掲載写真の所蔵機関を考慮すると、それは八幡一郎のように思えるが確証はない。

コラム　出版と火焔土器

岡本太郎の「四次元との対話 縄文土器論」冒頭頁の中央を占める火焔土器の写真は、誰が撮影したものでどこにフィルムがあるか分からない。少なくとも長岡市立科学博物館には残されていない。しつこく探していたら、同じ写真を掲載した出版物を発見した。1953（昭和28）年9月15日に発行された岩波書店の『大昔の人の生活－瓜郷遺跡の発掘－』である。「少国民のために」と題されたシリーズの1冊で、考古学者の和島誠一（1909～1971）の著書である。愛知県豊橋市の瓜郷遺跡の発掘調査に基づいて、弥生時代の暮らしを子ども向けに解説している。そのなかでヤヨイ式土器との対比でジョウモン式土器の写真が1葉掲載されている。このジョウモン式土器の写真が「四次元との対話 縄文土器論」掲載の鉢形土器と同じ写真である。愛知県豊橋市の遺跡を題材に弥生時代を解説する書籍に唐突に登場する新潟県長岡市の馬高遺跡出土の火焔土器。実に不思議な組み合わせである。

　1938（昭和13）年、新潟県で開催された中部考古学会第2回大会1日目（9月23日）に近藤勘治郎氏邸考古室および同所馬高遺跡調査が充てられたことを既に紹介した。著者の和島誠一はこの学会の参加者の一人であった。この学会には、そのころ新潟県の縄文土器編年に指導的立場にあった八幡一郎も参加している。また、和島誠一は、縄文土器の編年を整備した山内清男（1902～1970）、甲野勇（1901～1967）、八幡一郎（1902～1987）らと同じ東京帝国大学選科に学んだ。このあたりにジョウモン式土器の写真に馬高遺跡の火焔土器を選ぶ背景がありそうである。

　『大昔の人の生活―瓜郷遺跡の発掘―』は「縄文」を「ジョウモン」とカタカナで表記した初出。その書籍タイトルに「大昔」が当てられている。小学校の社会科教科書の一つで、著者の柳田國男は、いまの縄文時代や弥生時代を「大むかし」として説明

『大昔の人の生活―瓜郷遺跡の発掘―』より

していることに通じる。明治に始まった日本の人類学は、現代の形質人類学や文化人類学、民俗学、考古学などを横断する学会であり、考古学の成果が日本の歴史に組み込まれ、書籍になる過程には人類学会関係者が大いに介在したようである。

　同じ写真が美術出版社と岩波書店とで用いられたに至った経緯は詳らかでない。ただ当時、岩波映画製作所という会社があった。北海道大学教授の中谷宇吉郎（1900〜1962）がカメラマンの吉野馨治（1906〜1972）や小口禎三（1917〜2006）、岩波書店の小林勇（1903〜1981）、羽仁進（1928〜）らと設立した中谷研究室プロダクションを母体にした科学映画や教育映画の製作会社である。1950（昭和25）年に写真家名取洋之助（1910〜1962）が加わり、岩波写真文庫が創刊された。岩波写真文庫には日本各地の民俗や考古資料の写真が掲載され、東京国立博物館を特集した巻や新潟県を特集した巻がある。また、学校の教科書中に岩波映画製作所のクレジットを付された写真がある。その中に火焔土器の写真は見当たらなかったが、出版社と写真とを結ぶ手がかりのように思われる。岩波映画製作所の創立に関わった中谷宇吉郎は、考古学者の中谷治宇二郎の兄であり、雪の結晶研究で知られる。

　1952年の岡本太郎「四次元との対話 縄文土器論」を一つの画期として、美術出版に火焔土器の写真は登場した。その後、1960年（昭和35）年に東京・日本橋にあった白木屋を会場とした「古代のクラフト縄文美術展」に出品されるにあたって、その図録に掲載された。同じ年の10月に発行された角川書店の『世界美術全集』第1巻「日本（1）先史」で巻頭カラーグラビアに火焔土器は採用されるに至る。同書の奥付には編者として、滝口修造（1903〜1979）の名がある。西脇順三郎（1894〜1982）の教えを受け、日本にシュールリアリスムを紹介した滝口修造の慧眼を改めて思う。しかし、この世界美術全集に掲載された縄文土器や土偶などの考古資料それぞれの解説は、考古学研究者が執筆したものである。

　角川書店の『世界美術全集』（1960）に載る火焔土器は、同年『石器時代の日本』（築地書院）の著書がある芹沢長介が解説を執筆している。芹

沢長介は、相澤忠洋の発見した群馬県岩宿遺跡を明治大学が発掘する経緯に深く関わった。日本列島に旧石器時代ありとして、縄文時代までの一連の動向を追究することを研究課題の一つとした。1956（昭和31）年に中魚沼郡津南町本ノ木遺跡を発掘調査し、200点を超える石槍とともに土器破片を得たが、石槍と土器とは同じ年代のものではないと評価した。その判断に疑義を呈した山内清男は翌1957（昭和32年）に同じ場所を発掘調査し、土器破片とともに石槍や石斧など千余点を得て、人工遺物の再堆積した証拠はなく同時代のものと判断した。本ノ木論争の始まりである。芹沢長介、山内清男とも本ノ木遺跡発掘調査前後、火焔土器を擁する長岡市立科学博物館に立ち寄っている。

　明治大学の後藤守一（1888～1960）らが中心になり、考古学研究室を擁する大学が合同で行った静岡県登呂遺跡の発掘調査を契機に、1947（昭和22）年に組織された日本考古学協会では、研究テーマごとに特別委員会が編成された。そのうちの一つ洞穴遺跡調査特別委員会（1962年）は、縄文文化の起源を追究するためのものであった。その成果は『日本の洞穴遺跡』（1967年、平凡社）にまとまる。

　火焔土器を擁する長岡市立科学博物館の中村孝三郎は、新潟県内の洞穴を踏査し、東蒲原郡上川村（現・阿賀町）で1958（昭和33）年と1959年に小瀬ヶ沢洞窟を、続いて1960年から1962年まで室谷洞窟を発掘調査した。室谷洞窟の上層には縄文前期の土器と熟年女性の埋葬人骨、中層には夏島貝塚出土土器と同じ縄文早期の撚糸文系土器、下層には草創期の復元土器5点がある。1964年（昭和39）年3月20日（金）付の『新

角川書店1960年版の『世界美術全集』

潟日報』は復元された土器を速報している。プチ・パレ美術館の日本古美術展に出品された火焰土器が「パリから傷ついて戻る」という記事が載る『新潟日報』1964年4月22日（水）付のくしくも1カ月前のことである。

　1980（昭和55）年に室谷洞窟、次いで1982（昭和57）年に小瀬ヶ沢洞窟が国指定の史跡となり、それぞれの出土品は2000（平成12）年に国の重要文化財となった。室谷洞窟の草創期土器は火焰土器ほどの頻度ではないが、出版物に利用されることが多い考古資料の一つである。

読売新聞夕刊（1960年7月6日付）　滝口修造　美術時評「原始芸術と現代感覚」

昭和39年(1964年)3月20日 (金曜日)

よみがえった最古の土器
上川村の「室谷遺跡」

独特の模様を持つ

長岡科博の中村氏 関東中心文化に反論

注口土器(九層)を手にした中村氏

農商工科学博物館の中村孝三郎氏は昨年五月以来、東蒲原郡上川村の室谷洞穴を発掘調査していたが、このほど全貌が明らかとなった。縄文式土器文化は関東地方を中心として全国に広まったとする従来の学説に真向から反論するもので、日本考古学に新たな波紋を投げかけている。

この土器は、東蒲原郡上川村の室谷洞穴で、今年一月中旬から三月にかけて発掘されたもので、縄文式土器文化の初期に属する、日本における最古の土器として注目を集めている。

室谷洞穴の発掘が始められたのは昨年五月、同洞穴から発掘された土器は、下層(四十八層)の最下層からは「隆起線文」「爪形文」「押型文」などが、中層からは「撚糸文」「沈線文」など、上層からは「縄文」などが出土した。これらの土器は、従来関東地方を中心として発達したとされていた縄文式土器文化とは異なる独自の様式を持ち、新潟県を中心とした北陸・東北地方独自の文化圏の存在を示すものとして、学会に大きな波紋を投げかけている。

中村氏は「この土器は、関東地方を中心として発達した縄文式土器文化とは異なる独自の様式を持ち、新潟県を中心とした北陸・東北地方独自の文化圏が存在したことを示すもので、従来の学説に再検討を迫るものである」と語っている。

約八千年から一万年前と推定されるこの土器は、日本における最古の土器として、今後の研究に大きな期待が寄せられている。

新潟日報朝刊(1964年3月20日付)

室谷下層土器群(新潟県阿賀町室谷洞窟出土／重文／長岡市立科学博物館)

国史跡「室谷洞窟」

コラム　出版と火焔土器

第5章 1964 東京オリンピックと火焔土器

　火焔土器（A式1号）は、オリンピックと奇妙な因縁がある。紀元2600年「紀年」事業の一環として、日本に夏季大会の招致活動が行われ、1936年（昭和11）年7月31日にベルリンで行われた国際オリンピック委員会総会における嘉納治五郎（1860～1938）演説後の投票の結果、紀元2600年にあたる1940（昭和15）年に東京でオリンピック夏季大会が開催されることが決定した。中村孝三郎の「火焔土器物語」（1970『古代の追跡　火焔土器から蒼い足跡まで』講談社）によれば、1936年の大晦日に近藤篤三郎が馬高の地で火焔土器A式1号

「新潟国体1964」ポスター（長岡市立科学博物館）

火焔土器　A式1号（新潟県長岡市馬高遺跡出土／重文／長岡市立科学博物館）

を掘り出している。くしくもそれはアジア初のオリンピック開催が決定した年の瀬であった。

　1940年の東京オリンピックはまぼろしに終わった。1954（昭和29）年に日本は再びオリンピックの招致に乗り出した。1960（昭和35）年夏季大会に立候補したが叶わず、1964（昭和39）年の開催に向けて動き始めた。そして1959（昭和34）年に第18回オリンピック競技大会の東京開催が決定した。アジア初のオリンピック夏季大会であった。

　火焔土器の発掘された馬高遺跡は、1957年（昭和32）年に長岡市に編入された新潟県三島郡関原町にある。関原町の素封家、馬高遺跡一帯の大地主であった近藤家によって知られるようになった。勘太郎（1850～1913）、勘治郎（1882～1949）、篤三郎（1907～1945）の3代にわたって調査され、出土品が収集された。

　勘治郎は私邸を近藤考古館として、考古学の研究者、好古家あるいは文化人の来訪を受け入れていた。また、大正から昭和初期にかけて大衆化した印刷技術を背景に、収蔵品の絵葉書を作成し、近藤考古館収蔵品の周知を図った。近藤考古館発行の絵葉書は5枚一組で4輯まである。第1輯から第3輯までが馬高出土品、第4輯は三十稲場出土品となっている。

　戦後、1951（昭和26）年8月に長岡市立科学博物館は創設された。北越製紙株式会社社長田村文吉の寄付などを基礎にした博物館である。近藤考古館収蔵品の多くは、長岡市立科学博物館に寄託されることになった。もともと長岡市立科学博物館に考古学研究室をつくる計画はなかったが、近藤考古館収蔵品の寄託を受けて考古学研究室が設けられ、中村孝三郎が研究を進めることになる。

　その後、暫時、旧近藤考古館収蔵品は長岡市立科学博物館に寄贈さ

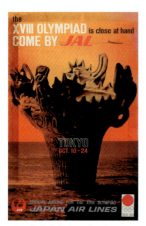
1964年東京オリンピック・JALのポスター（長岡市立科学博物館）

火焔土器 A式2号（新潟県長岡市馬高遺跡出土／重文／長岡市立科学博物館）

れていった。中村孝三郎の「火焔土器物語」に記された火焔土器1号器（A式1号）は最後まで寄贈手続きがとられなかった。2001（平成13）年に長岡市立科学博物館へ寄贈され、いま馬高縄文館にある。

　長岡市の悠久山に置かれた科学博物館は、「おやまの博物館」と呼ばれて市民に親しまれた。馬高遺跡出土品、特に火焔土器は、科学博物館を本拠にして世に知られるようになる。馬高の発掘に注力しながら、夭逝した近藤篤三郎の手によって復元された縄文土器などは、中村孝三郎によって再修復された。そして、馬高遺跡出土品の概要が1958（昭和33）年刊行の『馬高No.1』（長岡市立科学博物館）で公表されるに至った。1964年の東京オリンピック開催決定のわずか1年前のことである。

　長岡市立科学博物館に寄託された馬高遺跡出土品について、その周知に重要な役割を担った人物がいる。『法城を護る人』などの小説で知られる作家松岡譲（1891〜1969）である。松岡譲は夏目漱石の門

人にして娘婿にあたる。郷里長岡に疎開で帰った。「おやまの博物館」長岡市立科学博物館の裏手に居宅があり、頻々と出入りして、火焔土器を宣伝する役どころを担った。彼に導かれて火焔土器を見学した著名人は多い。そのなかには当時、日本人最初のノーベル賞受賞者となった物理学者の湯川秀樹（1907～1981）などもいた。

　「おやまの博物館」代理人のごとき松岡譲は、1964年に東京でオリンピックの開催が決まると、火焔土器をかたどった聖火台を提案した。「火焔土器」という冊子を配り、「火焔土器」の模型を見せて、各所に働きかけた松岡譲の請願は、紆余曲折して実現しなかった。松岡譲は後に敗戦の弁（1969「火焔土器」の模型『學鐙』第66巻第6号、20～23ページ、丸善）を残し、火焔土器がオリンピック聖火台にならなかったことを惜しんだが、ほかに経緯を知る手がかりはなかった。

　1960年ごろ、火焔土器をオリンピック聖火台にすることが既定路線のように思われていたことを、筆者は初めて知った。前に紹介した1960年5月12日付の毎日新聞掲載の「古代のクラフト―縄文美術展―」である。八幡一郎は次のように書き残している。

　一九六四年のオリンピック東京大会の聖火台が縄文式土器をかたどって設計されるという。新潟県関原町で発見された装飾豊かな甕（かめ）でだれ呼ぶことなく「火焔（かえん）土器」と称せられるに至った縄文式土器の一つを、その原型とするとのことである。いまを去ること五千年前、雪深い北越の丘でつくら

悠久山の長岡市立科学博物館

第5章　1964　東京オリンピックと火焔土器　71

れたこの土器が、あたかも日本の象徴であるのように、国際的祭典にえんえん火をはいて、世界の耳目をあつめる火炉の原型になると聞いて、発掘者近藤勘治郎氏は地下で会心の笑（え）みをもたらすことであろう。

　今回この土器が東京入りをする。東京で開かれる世界デザイン会議の催物の一つ「縄文美術展」に登場するためである……（以下、略）

　松岡譲の請願が不首尾に終わった後、記録として残っていないために正確さを欠くが、当時の新潟県体育協会は、松岡譲の請願を場面転換して実行することにしたという（吉川博次1982「新潟国体の追憶」『新潟県体育協会五十年史』）。東京オリンピックと同年の開催が決まっていた新潟国体（第19回国民体育大会）を舞台にしたアイデアで、メインスタジアムとして改修された県営陸上競技場（現・新潟市陸上競技場）に設置する炬火台に「火焔土器」の姿かたちを採用することにしたのである。

　そのとき、実は聖火台のかたちとして、松岡譲が推した長岡市立科

栃尾鉄道制作の悠久山公園沿線図（長岡市立科学博物館）

学博物館の火焔土器に対抗馬がいた。長岡のおとなり三島郡与板町（現・長岡市、2005年に平成の大合併）の体育協会の推す火焔（型）土器で、1959年に与板町内の徳昌寺遺跡で発掘されたものであった。当時の新潟県体育協会幹部は、新潟県内の市町間で紛争にならないように思案し、炬火台のデザインに火焔土器を採用するにあたって、出土品そのままにならないように工夫した制作を彫刻家早川亜美（1912～1980）に依頼したという。

　早川亜美はこの依頼以前、1960年ごろから火焔土器など原始土器の研究と制作没頭（宮越敏夫2008「彫刻家・早川亜美に関する一考察」『新潟青陵大学短期大学部研究報告』第38号、155～159ページ）していたようである。結果、炬火台は馬高の火焔土器や徳昌寺の火焔型土器をモデルとしたようで、どちらの個体とも類似しない仕上がりとなった。また、新潟国体の開催にあわせて1964年5月に竣工した昭和大橋にも同型のモニュメントが設置された。

　あわせて新潟国体ポスターには、大きく馬高の火焔土器が描かれた。ポスターの火焔土器は、はっきりと馬高のものと分かる仕上がりになっている。ポスターに描かれた火焔土器を考慮すると、早川亜美への依頼に関する言い伝えの信憑性に懸念はある。しかし、事実として新潟市陸上競技場に残る炬火台は、うまくモデルとなった個体を特定できない造形となっている。

　燃えさかる炎の連想から誰言うことなく定着した通り名「火焔土器」の重要な特徴に、口縁に配された大きな突起がある。鶏頭冠突起と呼ばれ、均等に四つあることを通例とする（51・52ページ展開写真参照）。ところが火焔土器をモデルとした炬火台はよく見ると突起が五つある。また鶏頭冠突起の名を生み出したニワトリのトサカを思わせる鋸歯状装飾がない。筆者は『古代の追跡』を読み、馬高遺跡出土品を見るために長岡市立科

学博物館まで足を運んだ小学生のころ、新潟市陸上競技場の炬火台を紛(まが)いものと嘲笑していたことを思い出した。しかし、新潟県体育協会の依頼と早川亜美の略歴を見れば、何も分かっていなかったのは、筆者の方であった。早川亜美は火焔土器・火焔型土器の構造を理解し、逸脱することで馬高や徳昌寺と似て非なるデザインを生み出していたのだ。そのことに気づいたとき、炬火台をつくったときの早川亜美と同じ年齢になっていた。

　新潟国体メインスタジアムの火焔土器をモデルにした炬火台は突貫工事でつくられたようだ。1963(昭和38)年の「新潟日報」をめくると、おおよその流れが分かる。

10月7日(月)付　「新潟国体へ準備急ピッチ　聖火台建設始まる　火焔土器型どり中旬完成」
11月7日(木)付　「燃える炎の力強さ　新潟国体の聖火台できる　高さ三㍍組み立てに一カ月」
11月19日(火)付　「知事さん　国体環境整備を視察」
11月21日(木)付　「燃え上がりも上々　新潟国体　聖火台の点火試験」
12月7日(土)付　「青空に聖火赤々と　新潟陸上競技場の完成式　一年四カ月ぶり新装なる」

火焔型土器(新潟県長岡市徳昌寺遺跡出土／長岡市立科学博物館)

　新潟国体のあった1964年になると、便乗商法よろしく、炬火台のイラストや馬高や徳昌寺の出土品の写真が、「新潟日報」に掲載されたさまざまな企業や団体の広告に用いられるようになる。また、「新潟日報」の市民版に連載されていた「国体ガ

イド」に変化が見られた。国体をイメージさせるトーチ様のアイコンと「あと〇〇日」というキャッチ、国体に関わる諸々が記事になっていた。「国体ガイド」のアイコンは1964年2月18日（火）付から火焔土器のイラストに変わり、それ以後の国体関連記事には同様のアイコンが用いられるようになった。また、リハーサルから開催期間中までの国体関連でメインスタジアムを舞台とした記事では、写真のなかに炬火台がある構図が工夫された。

　2月29日（水）付には「火焔土器　国体みやげと橋飾り　聖火台つきの花びん　新昭和橋ランカンの四すみに」の記事がある。炬火台の模型を小林百貨店が販売することと、炬火台と同型の御影石製モニュメントが国体前に完成予定の昭和大橋の欄干四隅の親柱に設置されることを伝えている。1964年の正月大売り出しに、早川亜美に制作してもらった炬火台の同型ミニチュアをディスプレイして評判をとり、火焔土器をかたどった炬火台の模型を製作・発売するに至った経緯が記される。炬火台と同じ庵地瓦で有名な北蒲原郡安田町（現・阿賀野市）の粘土を用い製作、2万個販売を予定し、1個350円という。なお、小林百貨店は1937（昭和12）年の開業、1978（昭和53）年に三越グループになり、1980（昭和55）年から新潟三越となった。新潟三越は2020年3月22日に閉店が予定されている。ほぼ火焔土器の発掘とともに誕生し、1964東京オリンピックと縁ある新潟国体の炬火台を売り、2020東京オリンピックを前に姿を消す。

　新潟国体は、オリンピック東京大会の開催にあわせて、本来の秋季大会を春季大会に変更し、1964年6月6日から6月11日まで実施された。直後、6月16日に発生した新潟地震によって、8月に予定されていた夏季大会は中止となった。

　東京オリンピックの開会を間近に控えた、1964年10月1日、日本

全土、南から北から４コースに分かれ、走行距離にして6,700キロメートルにおよぶ国内聖火リレーのうち、第３コースの走者が新潟市に到達した。新潟市にたどりついた聖火は、地震で傾いたままに応急処置された火焔土器型の炬火台に灯された。

朽ち果てた火焔土器型の炬火台

それは新潟地震からの復興をアピールするイベントであったが、同時に松岡譲の夢がわずかに実現した瞬間でもあった。10月２日（金）付の「新潟日報」は「聖火再びともる」と写真を載せている。新潟市陸上競技場の火焔土器をかたどった炬火台は、現在は銅貼りものになっている。そして、新潟国体と聖火リレーを経験した火焔土器型の炬火台は、かつて早川亜美のアトリエのあった間瀬銅山坑道口前に朽ち果てている。

　長らく、火焔土器と東京オリンピックの物語はこれで終わりだと思っていた。しかし、この物語にはさらに続きがあったのだ。翌日、東京オリンピックの聖火リレー第３コースは、新潟市から長岡市へと進んだ。そして聖火は長岡厚生会館で一夜を明かした。10月３日（土）付の「新潟日報」夕刊には「はなやかに歓迎の夕べ」の記事がある。記事に添えられた写真を見ると、火焔土器の聖火台が見える。ところが記事では「（前略）……午後三時半、上村市長の手で厚生会館バルコニーの聖火台に点火された聖火は、その後安全灯に移され、市教委の大高保健体育課長ら四人の同課員に見守られ、同館応接室で夜を明かしたが、午後八時過ぎバルコニー上の聖火台の火が消されたことに対し、市民から問い合わせの電話がひんぴんとかかり、厚生会館職員

が説明に汗だくという一幕もあった」とあるが、その聖火台のかたちに言及がない。火焔土器のかたちをした聖火台の見える写真の説明も「三日朝、聖火は再び聖火台に点火され、約五千人の市民は感激をあらたにした」とあるのみである。10月3日（土）付の「新潟日報」夕刊、別版に載る写真にも長岡厚生会館バルコニーに設置された火焔土器の聖火台が見えるが、「第三コースの聖火は上村市長から福田キヨさんに手渡され、一路南魚六日町へ向かった」とあるだけである。

　筆者は2000（平成12）年に新潟県立歴史博物館の開館準備とともに長岡に居を移し、多少なりとも長岡の人たちと親交を持ったと思っていた。ところが誰からも1964年の東京オリンピック聖火リレーに際して、長岡で火焔土器のかたちをした聖火台が用意され、聖火を灯した事実を聞いたことがない。慌てて「新潟日報」10月3日（土）付夕刊の写しを持って、知人に聞いてまわったが誰ひとり知らない。新潟県立歴史博物館友の会会員の樋口榮治さんがさらに知人に聞いてまわってくれて、ようやく厚生会館バルコニーに置かれた火焔土器のかたちをした聖火台を見た人にたどりつき、新聞掲載の写真では分からなかった火焔土器の聖火台を鮮明に見ることができた。写真で見る限り急拵えのハリボテのようである。結局、このような聖火台が用意されるに至った経緯は分からなかった。残念ながら長岡市立科学博物館にも関係する資料はない。長岡市が厚生会館バルコニーに用意した火焔土器の聖火台は「新潟日報」にのみ記録を残して姿を消した。

火焔型土器（新潟県長岡市上稲葉遺跡出土／長岡市立科学博物館）

第5章　1964　東京オリンピックと火焔土器

新潟国体へ準備急ピッチ

聖火台建設始まる

火焔土器型どり 中旬完成

新潟国体まであと八カ月、カナメとなる県都新潟市の準備は着々と運び、古い新潟の伝統と歴史を物語る火焔（えん）土器を型どった聖火台の建設が始まり、また、町を飾節るどる美化運動の花のタネの配布がはじまるなど〝新潟国体のデザイン〟は、急ピッチで具体化されている！

〇…新潟国体の中心会場、県営新潟陸上競技場を飾る聖火台の備えつけ工事が、このほど始まった。

競技場にはすでに木のワクが組み立てられ、北蒲安田町のカマ場で焼き上げられた台の原型が運び込まれるばかりになっており、十月半ばには完成する予定だ。

この聖火台は、新潟国体のシンボルという意味から、長岡市や三島与板町で出土した火焔土器を製どることにし、県国体事務局では新潟市堀割町在住の工芸家草川亜裏氏（三二）に制作を頼んでいた。備える場所は競技場の裏正面にあたる浮所の真ん中で、石を敷き一応に積み重ねた上にコンクリートを使っている。土器、点火装置などの費用は約二百万円。

この土器の中には火ザラをはめ込み、下の機械型から天然ガス、重油のパイプと電線を通す。聖火の原料は新潟特産の天然ガスを使い、煙を多くするために重油を混ぜる考え。また点火を失敗することのないように、いざというときは電気点火もできるよう設計に気を使っている。

この新潟国体の晴れ舞台の主役—

製の高さ一・八㍍の五角型台がのり、その上に高三㍍、直径三㍍の火焔土器が立つ。耐火粘土の焼きもので、出土した原物と同じ土色に塗られ、まだ国体では見られなかった躍動感のあふれた台だという。

ともいうべき聖火台を制作した草川氏は競技場にマッチする型、しかもほのおのすさまじさを思わせる迫力を出すのに苦心したという

新潟日報夕刊（1963年10月7日付）

燃える炎の力強さ

新潟国体の聖火台できる

高さ三メートル 組み立てに一カ月

ようやく完成した 新潟国体 のシンボル〝火エン（焔）土器〟の聖火台

国体も終わり、いよいよ燃える炎の祭典の中央に高々と立った。燃えさかに女王役を務した続経がいそがれていた」と早川氏は語った。

新潟国体の本番スタート。その中心会場となる県営新潟陸上競技場に燃える聖火台が、五日に完成した。この台は、長岡市の栃尾又から出土した郷土の文化遺産〝火エン（焔）土器〟を象どったもので、高さはおよそ三メートル。側面の燃える炎模様、苔むした二八体のコンクリート五角台の上に五本の立つコンクリートの支柱をのばし真壁三河の大理石でびっしり化粧し、トーチランプで燃えていた。

点火後約十カ月後の国体の時に彌彦山頂でともされた聖火がいっぱいで二台でリレーされ、六月六日の開会式から会期いっぱい燃える。

り、いよいよ、の国体では燃えさかない電気サイン、燃え立つ（ユ）＝新潟市関屋堀割町＝のアトリエに秘められたふしぎなエネルギーを発散しようと努力しましたようにように下の機械室から火エン土器を焼きつけた場所は、メイン・スタンドの反対側の計画作りひと回り大きい、国体の聖火台らしく、それを造えがた。

座〝火エン（焔）土器〟を象どったもので、周辺から出土した郷土の文化遺産近づいて見上げる威圧感じるほど。耐火粘土の焼きものを選び出せないためいったん～ト火口でできた。

座にあたった工芸家、早川亮氏が残してくれた火エン土器、そこで発熱を逸したり途中で消えたりし、失敗したり途中で消えたりすことに、ギを発熱しようと努力しましたようにがんばる方ないと考えたが、離り気をいろいろと考えたが、離り気がないようないでいった。でき上がったのは最初の計画よりひと回り大きい、国体の聖火台らしく、それを造えが、メイン・スタンドの反対側の設定場所に運ぶのに一カ月かかって組み立てを通じて全国に紹介されることで、火できる仕掛けになっている。

新潟日報朝刊（1963年11月7日付）

知事さん国体環境整備を視察

一番堀の早期解決を
校舎(旧白山高)取り除きも要望

新潟日報朝刊（1963年11月19日付）

新潟日報朝刊(1963年11月21日付)

完工した北陸一を誇る陸上競技場

聖火台に点火する塚田知事

青空に聖火赤々と

新潟陸上競技場の完成式

一年四カ月ぶり新装なる

新潟日報夕刊(1963年12月7日付)

新潟日報朝刊（1964年2月15日）

ハトと

問…「犬が国体と聞くと『いやはトだけだろう』と」

しげる人が多いと思いきや、かにハトは開会式の当日、宣誓が終わったあと、ファーレ吹奏と同時に五千羽が放たれ、賀空消く国体の感激を羽たらえばほえたり、かみつれたらスポーツの祭典も台なし、みつけたらすぐ保健所か警察へ。▽民泊説明会（午後一時、上所

島金寺

質問

問　新潟国体まであとわずか、事務局の皆さんは連日、多

しょうか。

答え　国体旗など装飾用のチョウチンなどの発売方法についてのご質問だと思います

さる十二日に開かれた本町地区の自治会長会議でもお願いしますので、そのさいはぜひとも、ご協力をお願いします。

なお、装飾用の五個のワク付き連結チョウチン（商店街のアーケード用）は千円、一筒づりのチョウチン八十円、国旗の大が四百円、中が三百円、小が二百円。国体旗の大が四百七十円、中が三百円、小が二百三十円。三角旗連結小旗の商店街向きが五十円、一般家庭向きが三十五円などとなっています。
写真は五個連結のチョウチン
（市国体事務局）

国体ガイド
あと109日

国体旗の発売法は

新潟日報朝刊（1964年2月18日付）
見出しの図案にも変化が

質問箱

国体ガイド あと98日

優待バス券を準備

問い 私は国体と山口の国体にも参加しましたが、その違いといえるバスについてどのような手を打っていますか。ただし県立東工業高校、日また新潟のバスの運転手の不親切も有名です。まず何よりも彼女らの再教育をと遠来の客へのおもてなしと思いますが。

（沼垂、花いっぱい巡回人一つき回数券三十枚つづり武井まで）（？）茶券については

答え お説のように深谷・山口市でも選手、監督、役員な古伝のは、電話やバスに象を行ったのは、電話やバスに会議、遠来の客個乗ってもの個無料だったなと個気付いても優待券を発行していましたが、新潟市の場合もどに対しても優待券を発行して、各駅に対しては、宿泊から

（市国体事務局）の再教育などもっぱ鳥屋野運動公園の野球場、およびラグビー場に関係する選手に対しては、この路線を除外対する方針です。※等、定期列車で新潟へ到着する場合、それに因会議員られ現在、特に県・西蒲原事務所から新を数多くして現在必要に応じた

新潟日報朝刊（1964年2月29日付）

高なる躍動美

新潟日報朝刊（1964年6月7日付）

聖火

町でも村でも大歓迎

国体の感激、再び

稲刈りの手休めて声援

新潟日報朝刊（1964年10月2日付）

聖火、蒲原平野をひた走り 第三コース

「さあ、二日目もがんばってください」五輪聖火歓迎県実行委員長の塚田知事は白山競技場の聖火台から採火したトーチを渡辺新潟市長にリレーした

空高く風船百個
県営競技場で出発式

新潟日報夕刊（1964年10月2日付）

新潟日報朝刊（1964年10月3日付）

火 聖

秋晴れの下力強く
能生、長岡からスタート

第三コースの聖火は上村長岡市長から福田キヨさんに手渡され、一路南魚沼六日町へ向かった

県聖火の街・長岡市に泊まった第一、第二両コースの聖火と、正午号・多数の県民が詰める中を、次の中継地点を目ざして出発した。第一コースは、三日午後三時には群馬県へ、また第三コースは南魚沼六日町で合流する。

盛大に出発式

◇**第三コース** 長岡会場では、前夜名残りを惜しまれた聖火は三日午前八時四十六分、上村長岡市長から第二走者の福田キヨさんに手渡され、オリンピック東京大会組織委代表から、賛辞団長らの声援を受け、鈴木市長ら百余名の市民が見守る中、おもむろに点火式をおこなった。

きらめくオレンジ色の炎を先頭に、沿道の人たちの歓迎にこたえ、約三十人の随走員を従えた本隊は、長岡市内から雪道を越え、一路南魚沼六日町へ向かった。

信濃路めざす

◇**第一コース** 午前八時四十分、能生中学校前所の聖火は、昨年五月十六日、一斉にとう台に点火された名岡町小路所を、午後一時三十七分、能生聖火隊は、約四十分の日本海を左に走者日馬洋雷ら、能生聖火隊が、さらに特色の日本海を左に

新潟日報夕刊（1964年10月3日付）

新潟日報夕刊(1964年10月3日付)

Column　地域振興と火焔土器

　長岡市は「火焔土器」を商標登録し、1964（昭和39）年１月に条例を制定している。最近でこそ国宝や国指定重要文化財になった縄文土器をはじめとする出土品を商標登録する動きが活発になっているが、長岡市による「火焔土器」の商標登録は、出土品を地域の産物として活用した先進的事例である。長岡市が商標登録した内容は、「火焔」と「じょうもん」の名称２件、火焔土器を真横から見た意匠（イラスト）１件、意匠と名称の組み合わせ１件である。1972（昭和47）年３月末まで長岡市商工課で管理され、使用申請に対する許可と使用料徴収を行った。現在は長岡市商工会議所に商標権が移管されている。

　長岡市による「火焔土器」の商標登録は、その当時、考古学研究者に動揺を与えたらしい。同様の事態は2000（平成12）年８月１日の新潟県立歴史博物館開館後にもあった。物知り顔の自称研究者から商標登録されている「火焔土器」の表記は、展示に使用できない旨を真顔で指摘されたこともあった。商標は商品開発および販売にあたっての権利であって、考古学的研究での使用や博物館展示の用法を制限するものではない。また、図案としては登録された意匠（イラスト）とその名称に関する権利である。そもそも長岡市の商標登録に関する条例は、不確かな意匠（イラスト）の氾濫によって、火焔土器の姿かたちが誤解されることを防ぐことを目的としていた。それは不出来な意匠（イラスト）や模造品の氾濫を防止することで、地

火焔土器　登録商標

域アイデンティティーのシンボルとして火焔土器を確立することを目指したものであった。

　ただし、ここで注意すべき点がある。商標登録された火焔土器を真横から見た意匠（イラスト）のそれは、中村孝三郎がまとめた『馬高No.1』（長岡市立科学博物館）にある火焔A式1号ではない。火焔A式2号である。商標登録された火焔土器を真横から見た意匠（イラスト）は、焼き菓子や酒などに

火焔土器　A式2号（新潟県長岡市馬高遺跡出土／重文／長岡市立科学博物館）

利用され、また長岡市共通商品券に印刷された。現在も長岡市共通商品券使用可能店の表示シールは商標登録された意匠（イラスト）である。

　長岡市が条例を定め、商標登録をした背景には、既に触れたように火焔土器をモチーフとした商品の粗製乱造を防ぐ目的があった。その際に登録された意匠（イラスト）に描かれた火焔A式2号であり、当時の長岡市では火焔A式2号こそ、「火焔土器」であったのかもしれない。中村孝三郎の「火焔土器物語」（1970『古代の追跡　火焔土器から蒼い足跡まで』講談社）の発見奇譚とともに売り出された火焔土器1号器（A式1号）は、商標登録の動きがあったころ、既に触れたようにフランスからの帰国後に見舞われた危難のため、再修復を余儀なくされていたことが影響したのかもしれない。ただし、その一方で商標登録とは別に、火焔土器1号器（A式1号）の写真を印刷したタバコなどの商品があり、新潟国体ポスターに使われた。

　さらに遅れて火焔土器の模造品が商品化されていった。いわく中村孝三郎のお墨付きを得て、丸山広三郎が大積焼として1972年から長らく製造販売した。この模造品は火焔土器A式1号を型取りしたもので、昭和が終

長岡駅新幹線コンコースのタイムカプセル

長岡駅前のモニュメント

わり、平成になり、世紀の変わった2000年代まで販売が続いた。

　上越新幹線開通にあわせて改装された長岡駅。その新幹線コンコースには、二つの大積焼火焔土器がある。一つは1987（昭和62）年に設置されたタイムカプセルの標となる火焔土器で、長岡悠久ライオンズクラブが寄贈した。その除幕式には岡本太郎を迎え、彼の揮毫が添えられている。もう一つは長岡の特産品を陳列するショーウインドーの中にある。いまも大積焼の火焔土器が陳列されているが、製造も販売もされていない。

　1964年の火焔土器の商標登録は、地域の産物として考古資料を取り扱う嚆矢と評価できるとともに、地域アイデンティティーの形成に寄与した。同年に開催された新潟国体の炬火台が火焔土器をモデルにした造形に仕上げられ、多くの観衆に視覚的な効果を発揮したことも、火焔土器を地域アイデンティティーのシンボルと認知することに寄与したことだろう。

　事実、現在までに新潟県内には、火焔土器、火焔型土器を造形したモニュメント類が多く設置されている。それらは民間団体の主導で建立され、地域的特色を生み出している。平成の大合併を経た長岡市内には、17点以上のモニュメント類がある。長岡市千手にある火焔土器のモニュメントが最も古いものといわれている。1959（昭和34）年に長岡信用金庫の寄贈である。それは第18回オリンピック夏季競技大会が東京で開催されるこ

とを決した年であった。松岡譲がオリンピックの聖火台に火焔土器のかたちを提案したことが影響していたに違いない。

　合併以前の与板町で1964年に設置されたモニュメントは、新潟国体炬火台のモデルとして当時の与板町体育協会が推奨した徳昌寺遺跡出土土器である。銘文には新潟国体の炬火台となった旨が記されているが、前述のとおり、それは事実とは反する。しかし、当時の与板町体育協会の熱意は場所とかたちを変え、地元にモニュメントを残すことになった。

　火焔土器モニュメントには、馬高・三十稲場遺跡保存と関わるものがある。1965年（昭和40）年に地元長岡市関原町に馬高・三十稲場遺跡保存会が設立され、馬高遺跡中心部の土地が長岡市に寄付された。土地改良事業や道路拡幅などの開発が関原町周辺でも盛んになり、1972年の範囲確認調査を踏まえ、1979（昭和54）年に馬高・三十稲場遺跡は国指定史跡となった。長岡市は指定地の公有化を1997年（平成9）年に完了した。その間、1990年（平成2）年に馬高遺跡出土品は国指定重要文化財となった。

　馬高遺跡の火焔土器モニュメントは、馬高・三十稲場遺跡保存会と長岡市によって、1988（昭和63）年に初めて設置された。当初は史跡内の火焔土器出土推定地付近にあったが、史跡整備の進捗にあわせ、史跡に隣接する長岡市馬高縄文館入り口前に移転している。同年、馬高遺跡を擁する関原町内にある関原小学校では、新校舎落成にあわせて火焔土器モニュメ

新潟市陸上競技場の炬火台

与板のモニュメント

コラム　地域振興と火焔土器

ントを設けている。関原の地に新潟県立歴史博物館が2000年に開館して以後、馬高遺跡周辺に複数の火焔土器モニュメントが設置された。初代館長小林達雄（國學院大學名誉教授・新潟県立歴史博物館名誉館長）の発案で、長岡の人々が寄付を集め、あるいは東京関原会などの在外県人会などの力を結集して、モニュメント建立が進められた結果である。

このような組織力は、1998（平成10）年に遡る。長岡ロータリークラブは、国営越後丘陵公園の部分開園にあわせて、駅前に長岡らしさの演出として火焔土器モニュメントの設置を提案し、制作したモニュメントを寄贈した。そのモニュメントの造形を小林達雄に監修を依頼した。そのころ準備を進めていた新潟県立歴史博物館は、長岡の多くの人たちの助力を得て開館に至った。そして、林立する火焔土器モニュメントを起点に創出されたのが、信濃川火焔街道連携協議会である。

信濃川火焔街道連携協議会は、火焔土器を活用し、新潟県を貫流する信濃川流域の市町村が交流・連携をはかり、地域振興や広域観光を推進することを目的として、2002年（平成14）年8月に、当時の長岡市、十日町市、津南町、中里村の2市1町1村の地方公共団体によっ

長岡市火焔土器モニュメント探し歩き地図（長岡市馬高縄文館発行）

て発足された。翌年に三島町が加わり2市2町1村となった。その後に市町村合併を経て長岡市、十日町市、津南町の2市1町となり、平成21年度に新潟市を、平成22年度に三条市を、2017年（平成29）年に魚沼市を、それぞれ加えて5市1町で現在に至る。もともと地方公共団体のみならず、民間組織との協同を企図していたこともあり、2018（平成30）年には火焔街道博学連携研究会、非営利活動法人ジョーモネスクジャパンを構成に加えた。

　連携協議会は構成市町の首長が持ち回りで会長を務め、発案者の小林達雄が顧問を務める。実務は各市町の観光部局と埋蔵文化財保護行政部局を中心に担い、会長を選出した市町に事務局を置いて、連携事業の企画と運営をしている。史跡や博物館などの有機的な連携を意図したリーフレットの編集・発行、ホームページの運営などのほか、国際シンポジウムなどを通じて情報発信している。また、火焔土器をモチーフとした連携協議会のロゴマークを制定し、共通デザインの観光サインや火焔土器モニュメントの設置を進めている。

福祉団体の運営する居住地にもモニュメントがある（長岡市）

　また、信濃川火焔街道連携協議会は、毎年構成市町の首長が集まり、連携事業を協議するとともに、地域交流を進める縄文サミットを開催している。2014（平成26）年7月10日には、「火焔型土器を2020年東京オリンピック・パラリンピッ

新潟市の昭和大橋の欄干

コラム　地域振興と火焔土器

クの聖火台に」というアピール宣言を採択した。松岡譲の遺志を継ぎ、再挑戦する試みである。そのために、構成市町の首長を中心に関係諸機関への陳情を行っている。さらに、このアピール活動と陳情では、縄文時代の埋蔵文化財（国指定史跡・特別史跡、国宝・重要文化財）を擁する全国市町村によって構成される縄文文化発信サポーターズとともに、その意義の周知に努めている。

　信濃川火焰街道連携協議会の活動によって、現在、長岡市のみならず、新潟市、十日町市、津南町に火焰型土器モニュメントが立ち、まさに信濃川火焰街道を形成している。なお、新潟県内の史跡では、ほかに糸魚川市長者ヶ原遺跡、佐渡市長者ヶ平遺跡、五泉市大蔵遺跡などの出土土器で造形されたモニュメントがある。

　火焰土器モニュメントのみならず、文化庁の進める日本遺産への申請を行い、2016（平成28）年4月19日には「『なんだ、コレは！』信濃川流域の火焰型土器と雪国の文化」のタイトルで認定を受け、埋蔵文化財を活用した広域観光につながるストーリーを作成している。2018年には信濃川でつながる長野県や山梨県が提案した「星降る中部高地の縄文世界－数千年を遡る黒曜石鉱山と縄文人に出会う旅」が日本遺産認定を受けており、さらなる広域観光への連携が今後は期待される。

火焰土器をあしらったマンホールカバー

　火焰型土器を中核としたストーリーで日本遺産認定を受けたことを記念し、平成27・28年度には、最新の調査研究成果を反映させた特別展とシンポジウムを行っている。國學院大學博物館における「火焰型土器の機能とデザイン Jomonesque Japan 2016」、京都大学総合博物館の「火焰型土器と西の縄文 Jomonesque Japan 2017」である。

近年、文化財の活用が注目されている。しかしながら、その前提には文化財保護があり、文化財に関する詳細な調査研究がなければ、多くの人々が求める水準の活用に至らない。その意味で信濃川火焔街道連携協議会の活動は一つのモデルケースになるであろう。
　モニュメントに視点を戻そう。特に目立つ大きな火焔土器モニュメント以外にも、この地域では火焔土器の図案があしらわれたものが、社会資本として整備されている。その一つがマンホールカバーである。

長岡市のマンホールカード

　長岡市立科学博物館は、2016年から大英博物館に同市内遺跡出土の火焔型土器など4点を貸し出している。それにあわせて火焔土器のデザインされたマンホールカバーが大英博物館に寄贈された。マンホールカバーに考古資料の図案が造形されることは欧米ではない。そもそも、マンホールカバーに凝った意匠を採用すること自体が稀有なようである。長岡市のデザインマンホールカバーは、公募の図案を採用し、1991（平成3）年に登場した。火焔土器とともに、お城の形をした郷土資料館と長岡花火があしらわれている。大英博物館では、地域アイデンティティーとして火焔土器が浸透していることを示し、興味深いものと見なされた。寄贈されたマンホールカバーを日本ギャラリーに展示している。2018年には、カラーマンホール蓋の写真を掲載したマンホールカードが登場している。
　改めて、気を付けると新潟県内、そして長岡市内では、さまざまなところに火焔土器の図案が取り入れられている。例えば、バイパス化された国道8号の跨線橋に付されたレリーフが火焔土器であったり、歩道に敷き詰められたブロックで火焔土器があしらわれていたりする。国道8号は国土交通省直轄管理でありながら、ご当地アイテムに火焔土器が採用されていることに、新潟県を象徴する火焔土器の存在感が示されている。

第6章　1970　大阪万博と土偶

　1970（昭和45）年3月15日から9月13日まで大阪万博が開催された。1964（昭和39）年の東京オリンピック同様にアジア初を冠された国際博覧会であった。国際博覧会もまた紀元2600年記念日本万国博覧会として、1940（昭和15）年に東京で開催することが決まっていたが、オリンピックとともに中止されていた。大阪万博は1964年の東京オリンピックに次ぐ国家プロジェクトであり、敗戦後の復興と高度経済成長を象徴する催しであった。「人類の進歩と調和」をテーマに世界77カ国が参加した。総合設計は建築家の丹下健三。1960年の世界デザイン会議を契機に生まれたメタボリズムグループの黒川紀章や菊竹清訓らが設計に深く関わり、最先端の建築をアピールする場となった。

大阪万博　太陽の塔（写真提供：大阪府）

アメリカ館に展示され、長蛇の列をつくったアポロ12号の持ち帰った月の石に象徴されるように、大阪万博の多くは、科学と技術の発展を賛美するものであった。いま誰もが手にする携帯電話が発表されたように電化製品などに応用される技術の進歩に注力された博覧会であった。一方で大阪万博は激しい批判にさらされた。国家プロジェクトに多くの建築家や芸術家、研究者が動員されるように、日中戦争から太平洋戦争までのさまを見た人々がいた。大阪万博開催の1970年に改定を予定されていた日米安保条約に関する議論や反対運動に対する目眩ましと見た人々もいた。そんな大阪万博は最終的に6,421万8,770名の入場者を集め、長らく国際博覧会一の動員を誇った。

　その跡地である大阪府吹田市千里万博公園には、いま、太陽の塔だけが残り、国立民族学博物館がある。

　太陽の塔は「縄文土器論」の岡本太郎が生み出した。国立博物館で発見した群馬県郷原のハート形土偶（東京国立博物館寄託）、ピカソの描く多視点絵画、メキシコで触れた神話などを背景に造形された異

大阪万博　太陽の塔地下展示室　地底の太陽と木菟形土偶巨大オブジェ（写真提供：大阪府）

木菟形土偶（埼玉県鴻巣市滝馬室遺跡出土／東京国立博物館）
Image:TNM Image Archives

形のモニュメントであるとともに、大阪万博会場の中心となるシンボルゾーンのテーマ館であった。丹下健三の設計した大屋根（長さ：南北292メートル、幅：東西108メートル、高さ：約40メートル）を突き破って、高さ約70メートルの威容を誇り、破格の存在感を放った。

　太陽の塔は外形に三つの顔を持つ。頂部の金色に輝く「黄金の顔」、胴部正面の「太陽の顔」、胴部背面の「黒い太陽」である。三つの顔は、それぞれ未来、現在、過去を象徴し、塔は万物を生成するエネルギーそのものとして、生命の中心を体現した。鉄骨、鉄筋コンクリート造りで、一部軽量化のため吹き付けのコンクリートが使われた。内部には「ゴジラ」の特技監督円谷英二（1901～1970）の会社で、「ウルトラマン」や「ウルトラセブン」をつくった円谷プロの手がけた「生命の樹」があった。そして、太陽の塔地下展示には「地底の太陽」という四つめの顔があった。

　地下の展示は「過去－始源の世界」を見せる。大阪万博を目指して、民族学・人類学の研究者が世界中から集めた何百もの仮面、神像、その他工芸品が所狭しと配された。太陽の塔四つめの顔「地底の太陽」は、巨大な木菟形土偶とともにそこにあった。モデルとなった埼玉県馬室の木菟形土偶（東京国立博物館所蔵）は、わずか20センチメートルほどにすぎない考古資料である。それを巨神像に仕立て、存在感を発揮させた。岡本太郎にとって、地下展示室にあった世界各地の仮面や

神像は、真性の「四次元との対話」「呪術」「精霊」であった。それに対抗するように太郎自身は、縄文の考古資料を引用しながら、最新の「造形技術」という「呪術」をもって巨大化させたのではなかったかと思わずにいられない。筆者は幼少のころにあった大阪万博を肌で体験していないので誤解もあると思う。それでも岡本太郎のこのキュレーションは「縄文土器論」の実践として意義深いと思う。

ところが当時、大阪万博への批判のなかには、岡本太郎への批判も多かった。太郎の同志でもあった建築家の磯崎新は、太陽の塔や地下展示に辛辣な批判を加えている。岡本の「縄文土器論」は日本の伝統に縄文を加えたが、縄文と日本の伝統との関わりは、複雑な論理で説明される。それゆえに巨大化という「呪術」をふるった大阪万博における太郎の試みは、新たな日本のアイデンティティーの形成に貢献しないと考えられた。評論家の批評はともかく、大阪万博は多くの人々を集め、

火焔土器群集合（新潟県長岡市馬高遺跡出土／長岡市立科学博物館）

日本人の集団的記憶となった。敗戦日本の復興を印象づけ、パビリオンや電化製品を通して、技術力の高さを示すだけでなく、敗戦日本の新たなアイデンティティーに一つのかたちを与えた。

　大阪万博の後、地下展示のために集められた世界各地の仮面や神像とそのほかの工芸品は、国立民族学博物館をつくる礎となり、いまも大阪府吹田市千里の地にある。太陽の塔は記念公園にいまもそのままあるが、地下展示にあった四つめの顔「地底の太陽」は行方が知れないという。巨大な土偶のオブジェもまた、その後の消息を杳として聞かない。

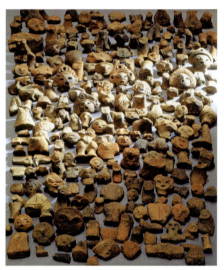

山梨県笛吹市釈迦堂遺跡の土偶（重文／釈迦堂遺跡博物館）

　東京五輪や大阪万博の華やかさの影が日本に落ちはじめていた。大規模な都市開発、鉄道や道路など交通網の整備、急速な工業化は「公害」という言葉を生み、日常生活では物価の乱高下などの悪弊が生じていた。1972（昭和47）年には札幌オリンピック冬季競技大会があり、田中角榮の『日本列島改造論』がベストセラーになったが、1973（昭和48）年第4次中東戦争に派生するオイルショックが日本を直撃した。店頭から次々と商品が消

「縄文人展」パンフレット表紙

え、トイレットペーパーの買い占め騒ぎが記憶に残る。大阪万博にあった明るい未来像は、終末感漂う世相に移ろっていった。

　この大阪万博の5年後、1975（昭和50）年、「縄文人展」があった。東京・新宿の小田急百貨店を皮切りに巡回した「縄文人展」では、岡本太郎が一文を寄せ、園山俊二のマンガ「はじめ人間ギャートルズ」が載った図録が発行された。マンガのイメージとは異なる縄文時代の人々を、人類学や考古学の研究成果を通して紹介し、いまに続く縄文観の起点となる展覧会であった。

「縄文人展」を紹介した朝日新聞の記事（1975年4月26日付夕刊）

Column　考古資料と文学者

　1964東京オリンピックの聖火台のかたちに「おやまの博物館」長岡市立科学博物館の火焔土器、馬高遺跡火焔A式1号器を推した松岡譲は、同じ夏目漱石門人の久米正雄（1891～1952）との戦前の反目で知られる。その久米正雄は長く鎌倉に住み、川端康成（1899～1972）ら鎌倉文士と交流した。その川端康成は古美術蒐集家としても知られる。太陽の塔に参照された郷原の土偶と同型のハート形土偶を所蔵し、頬杖していっしょに画面におさまる有名な写真がある。川端康成は岡本太郎の母かの子の小説指南、小説家デビューを後押ししたことが知られる。

　早稲田大学校校歌「都の西北」をはじめ新潟県内のさまざまな学校などで数々の校歌を作詞した詩人・歌人の相馬御風（1883～1950）が考古学に関心を寄せていたこともよく知られている。縄文時代から古墳時代までヒスイを加工した遺物のあることが考古学では知られていたが、ヒスイの原産地が日本にあると考えられていなかった。1938（昭和13）年から1939年にかけて、新潟県糸魚川市小滝にヒスイ原産地の存在がつきとめられる経緯に相馬御風が関わったといわれる。ヒスイ（硬玉）大珠は火焔土器の時代、約5,000年前に縄文世界に普及した。相馬御風は考古学者八幡一郎と知己

松岡譲『火焔土器』（私家版／発行年不詳）

で、糸魚川市長者ヶ原の採集品にヒスイがあることを見て、近在にヒスイ原産地を予見したという。小滝川硬玉産地として1956（昭和31）年に天然記念物に指定された。また1971（昭和46）年に長者ヶ原は史跡に指定された。

　天然記念物や史跡の概念は、明治以後急激な近代化の過程で歴史的建造物や自然環境が破壊される事態が生じ、それらをまもる法律が整備され、法律とともに一般化した。1897（明治30）年古社寺保存法、1919（大正8）年史蹟名勝天然記念物保存法、1929（昭和4）年の国宝保存法である。1949（昭和24）年の法隆寺金堂火災を契機に、それ以前の法律を包括した文化財保護法が1950（昭和25）年につくられた。糸魚川市小滝の天然記念物指定は文化財保護法に基づいている。この文化財保護法は、参議院議員の山本有三（1887～1974）らの提出した議員立法であった。山本有三は戯曲『米百俵』や小説『路傍の石』などで知られる作家でもある。山本有三は久米正雄と不仲で、久米正雄と松岡譲とが決裂、反目するスキャンダルに至る怪文書をつくったと目されている。

　世界は狭い。ネットワーク分析ではどんなに遠く離れた人とでも知人をたどれば、7人たらずでたどり着けるという。文壇はそもそも狭い世界かもしれないが、ほぼ人ひとり介して、本書の考古資料に関わる登場人物の多くに連なる。縄文土器や土偶などの考古資料が広く世間に知られる背景には「日本史」という敗戦日本の新たな物語に考古学の研究成果を取り入れた人々、建築家やデザイナー、美術評論家、文学者などの関わりが重要な役割を果たしたように思われる。

ヒスイ大珠（出土地不詳／新潟県立歴史博物館）

コラム　考古資料と文学者　105

第7章 1977 マンガと埴輪、土偶、火焔土器

　大きな戦争の後、出生数が増えて前後の世代と比べて著しく人口比が高くなる傾向は世界的に見られる。いわゆるベビーブームである。日本では1947（昭和22）年から1949（昭和24）年までの3年間をいう第1次ベビーブーム（団塊の世代）と、その子ども世代に当たる1971（昭和46）年から1974（昭和49）年までの4年間をいう第2次ベビーブーム（団塊の世代ジュニア）とがある。「団塊」は、大阪万博の企画と実現に関わった堺屋太一（1935～2019）の小説『団塊の世代』（1976）にちなむ。

　団塊の世代は、敗戦日本の新たな歴史観に基づく教育を最初に受けた世代でもあった。繰り返しになるが、新しい歴史観に登場する研究成果の多くは、既に大正から昭和初期にかけて蓄積されていた。それらは普及を始めた印刷という複製技術を用いた出版物を通して、研究者およびその周辺に知られていた。だからこそ、戦後のGHQ指令に即応できたのだ。そして、高度経済成長期に大量消費が当たり前になると、性別世代にかか

石ノ森章太郎『人造人間キカイダー』
©石森プロ

わらず、多くの人々の欲求に応え、新たな知識、新たな創作が大量の出版物となって出回った。大正から昭和初期に始まる美術全集の月賦販売のように高額のものもあるが、日刊、週刊、月刊、季刊などの定期刊行物である新聞や雑誌のほか、さまざまなジャンルの書籍が出版された。大量に消費される出版を長らく支えたものにマンガがあった。

団塊の世代とほぼ同じころに現代マンガは生まれた。子どもを読者層としていたマンガは、団塊の世代の成長と連動するように、読者の年齢層を拡大していった。そして、団塊の世代ジュニアがマンガを消費するようになり、マンガはさらに量産されるようになった。いまでは幼児・少年少女のみならず、青年・成人向けに生み出されるマンガも多く、日本文化のスタイルの一つとなっている。

現代マンガのスタイルは、手塚治虫（1928～1989）の『新宝島』（1947）に始まるといわれる。現代のマンガは、老若男女さまざまな層を網羅した定期刊行物に掲載されている。マンガは長らく悪書として、保護者に目の敵にされ、忌避される低俗な文化と見なされてきた。それがいまでは日本文化の一つに数えられ、マンガを研究あるいはマンガ家を養成する学部学科を設ける大学すらある。また、国主導でクール・ジャパンのキャッチフレーズのもと輸出産業として、あるいはインバウンドの目玉にしようとしている。

マンガの多くは、1950年代（昭和30年代前半）まで、貸し本の形態で子どもたちに供給されていた。次いで大手版元、出版社が手がけるようになり、出版取次業者を通じて全国に行き渡るようになっていった。1960年代（昭和30年代後半）になると月刊誌、月刊誌のおまけ別冊、週刊誌が次々に創刊された。その象徴的存在が1959（昭和34）年3月17日創刊『週刊少年マガジン』（講談社）と『週刊少年サンデー』（小学館）、後発の1968（昭和43）年8月1日創刊『少年ジャ

諸星大二郎『暗黒神話』
©諸星大二郎／集英社

蛇体把手付深鉢形土器（長野県茅野市尖石遺跡出土／長野県宝／茅野市尖石縄文考古館）

ンプ』（集英社）などである。

　新聞や雑誌、書籍などの印刷物は、かつて最も安価に多くの人に情報を提供するマスメディアであった。インターネットが普及し、ソーシャル・ネットワーク・サービス（SNS）が一般化する以前には、ラジオ・テレビなどの放送とともにマスメディアの主役であった。その中でもマンガは大量に出版されて、多様な知識や価値観を提供してきた。昭和の終わりから平成の始まりにかけて、少年少女向けのマンガ週刊誌は数百万部単位の公称発行部数を誇った。

　考古資料は一義的には考古学の研究対象である。その図や写真は、研究成果を示すために印刷物に掲載される。さらに日本史に組み込まれた考古学では、特に文字記録のない時代を補うように考古資料の図や写真が使われ始めた。

　出版される刊行物は、研究者の読む専門書だけではない。一般向け概説書では、視覚に訴える物的証拠としての考古資料の特性が、理解を助けると考えられ、より多くの考古資料の図版が盛り込まれた。そうして考古資料は、研究者以外の目に留まる機会を増やしていった。さらに美術誌や美術全集への考古資料の図版掲載を

通して、考古学あるいは日本史に組み込まれた以上の価値を獲得していった。考古資料の縄文土器や土偶（どぐう）が芸術作品として認知され、美術品として流通することもあり、オークションカタログに掲載されることもしばしばある。

ただし、商業出版物である日本美術全集・世界美術全集に掲載された考古資料に関する解説は、芸術に関する評論家や美学・美術史の研究者ではなく、考古学研究者によって執筆されていることが注意される。美術全集のなかでの解説でありながら、解説される内容は考古学研究の成果に偏り、文字記録のない先史・原史の叙述を目指している。美学・美術史研究の観点から見れば、縄文土器や土偶に代表される考古資料はいまだに埒外（らちがい）にあるといわれているようなものである。

先史・原史の考古資料、あるいは、かつて未開民族とよばれた作者不詳の芸術は、19世紀の終わりから20世紀の初まりにかけてフランス民族誌学・人類学やアメリカ人類学のなかでプリミティブ・アート（Primitive Art）と概念化された。戦後の前衛芸術、特にキュービズムの勃興にプリミティブ・アートへの参照が重要な地位を占めること

諸星大二郎『孔子暗黒伝』
©諸星大二郎／集英社

火焔土器　A式2号（新潟県長岡市馬高遺跡出土／重文／長岡市立科学博物館）

第7章　1977　マンガと埴輪、土偶、火焔土器　109

は論をまたない。岡本太郎の「縄文土器論」はそのような思想のなかでこそ意味を持つものである。

　日本では原始芸術と訳され、世界原始美術全集、日本原始美術全集という商業出版物に至る。それらの編者はいずれも考古学研究者であり、必ずしも原始美術を概念化していない。そもそも、木下直之（2002『世の途中から隠されていること―近代日本の記憶』晶文社）が指摘するように、考古学研究者は「原始」という概念をほぼ使用しない。それにもかかわらず、原始美術の編著者を担い、考古資料の解説に注力する。

　1960年代（昭和30年代後半）から続々と刊行される「原始」を冠した美術全集『日本原始美術』『日本原始美術大系』、次いで「縄文土器」と銘打った全集『縄文土器大成』『縄文土器大観』に至る。それらが美学・美術史研究者にではなく、考古学研究者に引用される必然が解説の在り方にある。それはかつて山内清男が進めた『日本先史土器図譜』の系譜を受け継ぐ、考古学的証拠の標本集であって、美術全集を意図した仕事ではなかった。

諸星大二郎『徐福伝説』
©諸星大二郎／集英社

王冠形土器（新潟県長岡市馬高遺跡出土／重文／長岡市立科学博物館）

いま、多くの人が縄文土器や土偶などに触れる機会を提供されているが、その起点は考古学の成果にある。博物館収蔵の縄文土器や土偶は考古学の証拠物件であり、犯罪捜査の証拠物件を裁判終了後も保管するように、研究対象となった縄文土器や土偶などの考古資料は、研究結果の証拠物件として永続的に保管される。同時にそれらが博物館で公開されると、考古学研究者の発信した内容以上の存在感を、観覧者それぞれに対して発揮することになる。岡本太郎が「博物館で縄文土器を発見」と表現するゆえんである。

諸星大二郎『妖怪ハンター』
©諸星大二郎／集英社

考古学の対象物は、法的には文化財保護法に規定される埋蔵文化財である。掘り出された土器や土偶などの考古資料は有形文化財の一つであり、歴史上、芸術上、学術上、観賞上等の観点から厳選され、国宝や重要文化財に指定されるが、文化財の

土面（青森県つがる市木造亀ヶ岡出土／重文／東京国立博物館）
Image:TNM Image Archives

保護に優劣をつけているわけではない。また国宝と重要文化財との間にも法的取り扱いの差はない。ところが多くの人は国宝を特別視する傾向にあり、格別の価値を見いだす。国宝の響きが学術上すなわち考古学的証拠の重要性以上に、芸術上の価値と結び付き、博物館展覧会

第7章　1977　マンガと埴輪、土偶、火焔土器　111

諸星大二郎『マッドメン』
©諸星大二郎／筑摩書房

の観覧者、あるいは印刷刊行物の読者の感情を刺激するらしい。こうして考古学的研究の文脈から外れたところで考古資料の理解が進んだ。

「火焔(かえん)土器」をはじめとする縄文土器や土偶、埴輪(はにわ)などがマンガに登場することがある。博物館に関心を示さず、ましてや考古学に興味を覚えない世間の目に留まる可能性の一つがここにある。マンガに描かれた背景やマンガに描いた考古資料に関する参照資料の入手経路など分かっていないことも多いが、「火焔土器」を中心に考古資料の描かれたマンガを幾つか紹介しよう。

マンガに描かれた最初の考古資料は火焔土器、火焔型土器ではない。社会科の教科書にほぼ漏れなく図版の載る遮光器(しゃこうき)土偶である。石ノ森章太郎（1938〜1998）の描く『人造人間キカイダー』である。1972（昭和47）年から1974年まで『少年サンデー』に連載された。物語終盤に登場する巨大最終兵器ジャイアントデビルの造形が遮光器土偶そのものである。ただし、どの遮光器土偶をモデルに描いたか特定できない。石ノ森章太郎には1971年開始の『仮面ライダー』など東映の特撮製作のために創案されたマンガが多く、『人造人間キカイダー』もその一つであった。テレビで放送された特撮では、シルエットのみで遮光器土偶然とした巨大最終兵器ジャイアントデビルは姿を見せていなかったように思う。

特撮やアニメとタイアップし、それらをマンガにするという手法では、土偶や埴輪にヒントを得たキャラクターが多く造形されている。1975（昭和50）年から1976（昭和51）年まで放映されたアニメ『鋼鉄ジーグ』は、石ノ森章太郎のアシスタントであった永井豪（1945～）が原作を務めた。卑弥呼と邪馬台国をモデルにした敵の兵士が人物埴輪もどきの造形であり、特別な力を秘めた銅鐸もどきの争奪が物語の骨子であった。当時マンガ雑誌のほかに、学童向けに特撮やアニメの情報を月刊ペースで提供する雑誌が書店を賑わしていた。『テレビマガジン』（講談社）、『冒険王』（秋田書店）、『テレビランド』（徳間書店）などである。

星野之宣『ヤマトの火』
ⓒ星野之宣／集英社

それらの雑誌すべてに「鋼鉄ジーグ」はマンガ化され掲載されていた。永井豪自身の名もクレジットされているが、数名のマンガ家が分担して描いていた。そのひとり松本めぐむは後に『夏子の酒』などの漫画で知られる尾瀬あきら（1947～）である。

　『人造人間キカイダー』や『鋼鉄ジーグ』に描かれた考古資料は、土偶や埴輪として描かれているわけではない。子ども向けの特撮やアニメのなかで戦闘シーンを演出するために登場させる兵器や兵士を造形するうえで、土偶や埴輪、銅鐸を拝借したにすぎない。ここ数年続いたブームで量産された「ゆるキャラ」造形と同じ原理である。「ゆ

星野之宣『ヤマタイカ』
©星野之宣／潮出版社

るキャラ」の命名者で、仏像マニアのみうらじゅんが『学園ハニワもの「ハニーに首ったけ」』（河出書房新社、1986年発行）を生み出したわけである。

土偶に関していえば、それにマンガ家が注目するわけを考古学的にも考察できる。そもそも、土偶は縄文時代の人々が創作したキャラクターであった。小林達雄（2009『火焔土器の国 新潟』新潟日報事業社）が指摘するように人を模しながら人から離れるように造形したナニモノカであったのだ。得体の知れないことを強調したキャラクターを創作しようとしたマンガ家は、著作権法の定める権利の保護期間を過ぎた縄文人の創作したナニモノカを模倣したと考えれば分かりやすい。

それらに対して、マンガの中に縄文土器や土偶そのものを描いた最初のマンガは、諸星大二郎（1949～）の『妖怪ハンター』だと思われる。1974年に週刊少年ジャンプ（集英社）で連載された。主人公はK大学の民俗学者で、超常現象に挑む物語である。その舞台装置として随所に遺跡や遺物が描かれた。考古資料の絡む謎解きに民俗学者が挑むところがうまいと思う。考古学研究者は超常現象に取り組まない。

諸星大二郎は週刊少年ジャンプに1976年『暗黒神話』、次いで1977年から1978年にかけて『孔子暗黒伝』をそれぞれ連載し、月刊少年ジャンプ1979年新年号に『徐福伝説』を描いた。『妖怪ハンター』

同様にこれらの作品でも考古資料は物語を動かす舞台装置に用いられた。物語の舞台に博物館や史跡が描かれ、縄文土器や土偶が小道具として描かれた。

また、それらとならんで月刊少年チャンピオン（秋田書店）などに掲載された連作『マッドメン』（1975〜1982）では、主人公のパプアニューギニア出身の少年と

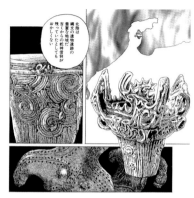

星野之宣『宗像教授伝奇考』
©星野之宣／潮出版社

日本の少女が特別な力を発揮する場面の小道具として、縄文土器や土偶らしきものが描かれている。いずれの作品でも考古資料は独特な存在感を発揮している。『マッドメン』では、欧米文明と接触した自然民族の文化に関する民族誌学的な知見とともに、考古資料が用いられた。岡本太郎が「太陽の塔」地下にキュレーションした展示と通底する世界観が広がる。

諸星大二郎の描いた縄文土器の一つに火焔型土器があった。『孔子暗黒伝』に表現されたそれは、火焔Ａ式２号であった。火焔土器とともに1963年（昭和38）年に海を渡り、プチ・パレ美術館、翌1964（昭和39）年に東京国立博物館で開催された日本古美術展へ出陳された長野県富士見町井戸尻の水煙渦巻文土器は描かれているにもかかわらず、いずれの作品にも火焔Ａ式１号は登場しない。代わりというわけでもないだろうが、長岡馬高の王冠型土器の描かれたシーンが『徐福伝説』にある。

『暗黒神話』の物語序幕、博物館を描いた場面に始まる。尖石考古館であった。縄文のビーナスの通り名で知られる長野県茅野市棚畑の

国宝土偶を擁する尖石縄文考古館の前身である。宮坂英弌が1933年（昭和8）年に発掘した尖石遺跡の蛇体把手付土器が描かれ、物語世界の土台骨となる重要なシーンを縄文土器が支える。

　諸星大二郎と同じころの週刊少年ジャンプ（集英社）に、星野之宣（1954～）は、物語の鍵に考古資料を設定した作品を発表した。1975年の『はるかなる朝』や1977年の『巨人たちの伝説』である。物語を動かす小道具として、精密に模写された考古資料が存在感を発揮した。

　星野之宣は、その後1983年（昭和58）年に週刊ヤングジャンプ（集英社）に『ヤマトの火』を連載した。未完のうちに終了した『ヤマトの火』はリメークされ、1986年（昭和61）年から1991（平成3）年にかけて、月刊コミックトム（潮出版社）に『ヤマタイカ』として連載された。『ヤマトの火』『ヤマタイカ』ともに歴史ミステリー仕立ての物語運びに、精緻に描写された火焔型土器を登場させた。

星野之宣『宗像教授異考録』
©星野之宣／小学館

　星野之宣の描いた火焔型土器にも、火焔土器A式1号はなかった。同じ馬高遺跡の火焔A式2号、もしくはほかの出土地の火焔型土器であった。新潟県津南町堂平遺跡の重要文化財、新潟県十日町市笹山遺跡出土の国宝などが描かれただけで、火焔土器は見られない。

　星野之宣の「宗像教授」シリーズは、民俗学者の主人公が考古資料や古代から語り継がれる神話や伝承にまとわりつく物語で、2009年（平成21年）に大英博物館の特別展示

水煙渦巻文土器（長野県富士見町曽利遺跡出土／長野県宝／富士見町井戸尻考古館／撮影：国枝幹宏）

長野県曽利遺跡4号住居址出土の土器群（長野県宝／富士見町井戸尻考古館／撮影：国枝幹宏）

火焰型土器(新潟県津南町堂平遺跡出土／重文／文化庁(津南町歴史民俗資料館保管))

でも紹介された。1994(平成6)年から1999(平成11)年まで月刊コミックトム・月刊コミックトムプラス(潮出版社)に『宗像教授伝奇考』として、2004(平成16)年から2009(平成21)年まで『宗像教授異考録』として、隔週刊のビッグコミック(小学館)に掲載された。

星野之宣の作品に登場する考古資料は、緻密に描かれているが、どうやら実物をスケッチしているわけではなく、印刷刊行物に掲載された写真を模写しているようである。彼の作品にしばしば描かれる火焔型土器その他の考古資料が明確に分かることが、このような推測を裏付ける。また、最近の作品では、参考文献がクレジットされてもいる。

『ゲゲゲの鬼太郎』など多くの人気マンガを生み出した水木しげる(1922〜2015)。水木しげるの作品に『縄文少年ヨギ』がある。縄文少年と銘打たれているが、描かれる世界は、太平洋戦争に従軍した水木しげるが見たニューブリテン島ラバウルの人々の暮らしをモデルにしている。ただし、物語の描写には、縄文時代を解説した文献が用いられたらしく、長野県阿久遺跡をモデルにした復元集落図が参照されている。また、住居の中に長野県富士見町曽利遺跡の水煙土器をはじめ、亀ヶ岡式土器などが描かれる。登場人物の衣服には遮光器土偶風の文様がある。その一方でモヘンジョ・ダロの廃墟らしい場面が描かれることもあり、縄文は異世界の表象として扱われているに見えるが、ここにも岡本太郎の呪術が生きているように思う。

『縄文少年ヨギ』は、短期間で廃刊となった週刊パワァコミック（双葉社）で連載された。1976年4月8日号に掲載された第8話「争いのつぼ」扉絵に馬高遺跡の火焔土器A式1号が精緻に描かれている。「争いのつぼ」というタイトルが示すように、土器が物語の要だが本編に火焔土器は登場しない。連載マンガの扉絵のみであるが、水木しげるは火焔土器を描いた最初のマンガ家であろう。

水木しげる『縄文少年ヨギ』
©水木プロ

　戦後の高度経済成長が終わり、オイルショックを経て、不景気風に吹かれた世相には暗い雰囲気が漂った。そんななか、終末予言や超能力、超古代文明、オカルトがブームになった。水木しげるの『縄文少年ヨギ』はそんな時期に描かれたマンガである。岡本太郎が指摘するように、日本の伝統的文化のイメージ、侘び寂び渋みとは異質な火焔土器および縄文土器は、その世相に適合したところがあったのだろう。考古資料である縄文土器、なかでも火焔土器は意外なところで関心を寄せられることになった。

　高度経済成長の終わるころ、1971年に発売された商品にカップヌードルがある。カップヌードルを開発した日清食品は、2017（平成29）年11月6日に小学館『和楽』編集部監修、十日町市博物館公認のもと瀬戸本業窯でつくられた火焔型土器を模した「カップヌードル専用 縄文DOKI★DOKIクッカー」を15個限定、59,800円（税込）で発売した。高額にもかかわらず即完売だったという。

火焔型土器を模したそれは、「国宝」という言葉の誕生120年を記念した「国宝応援プロジェクト」に賛同してつくられたもので、日本の食文化を変えた二つの大発明による奇跡のコラボレーションと銘打たれている。数多(あまた)ある縄文土器の中で唯一国宝となっている十日町市笹山遺跡出土深鉢形土器。水木しげるが火焔土器を描いて50年後に、再び意外なところに火焔型土器は登場したわけである。

　火焔土器、火焔型土器は美術品（考古資料）として国宝・重要文化財に3件指定されている。1990（平成2）年6月29日重要文化財指定、2002（平成14）年6月26日追加指定の新潟県馬高遺跡出土品（土器・土製品127点、石器・石製品173点）と、1992（平成4）年6月22日重要文化財指定、1999年6月7日国宝指定の新潟県笹山遺跡出土深鉢形土器（57点、附(つけたり)として土器・土製品類72点、石器・石製品類791点、ベンガラ塊8点）、そして2006（平成18）年6月9日重要文化財指定の深鉢形土器／新潟県堂平遺跡出土（2個）の3件である。実は指定名称には「火焔」「火焔型」はおろか「縄文」の文字もない。そもそも指定品は、同じ遺跡から出土している土器・土製品、石器・石製品などを一括し、火焔土器、火焔型土器を特別扱いしていない。

　縄文学の父とも称される山内清男の編集した1964年刊行の『日本原始美術1 縄文式土器』（講談社）に、火焔土器の図版はモノクロページに収まり、カラーページを与えられていない。新潟国体、東京オリンピックのあった1964年は火焔土器にとって特別な年であった。そんな事情を山内清男は忖度(そんたく)しない。八幡一郎が火焔土器に向けた眼差しと対照的である。

　火焔土器を初めてマンガ本編中に描いたマンガ家は、神さま手塚治虫である。

　講談社が発行する週刊少年マガジンに連載された『三つ目がとおる』

第72話、1977（昭和52）年5月15日号である。手塚治虫は現代マンガの父とも評され、日本初の連続テレビアニメ番組『鉄腕アトム』を制作したことでも知られる。一つにはそれが要因で、一つには彼の作風と異なる劇画ブームを背景に、マンガ家としての活動が低調な時期があった。低迷から脱した時期の作品の一つが『三つ目がとおる』である。

　手塚治虫は老若男女を問わず、マンガ家をライバル視していた。水木しげるの『墓場の鬼太郎』が人気を博すると、自身も妖怪の登場するマンガ『どろろ』を描いて対抗したという。水木しげるが『縄文少年ヨギ』の扉絵に火焔土器を描いた1年後、そんな手塚治虫が火焔土器A式1号をマンガのなかに描いた。また、火焔型土器などの考古資料を描いた諸星大二郎や星野之宣は、週刊少年ジャンプに設けられた「手塚治虫」の名を冠した新人賞出身のマンガ家である。彼らが火焔土器などの縄文土器の登場するマンガを描けば、それらに対抗心を抱いたことは想像に難くない。

　『三つ目がとおる』では、縄文土器を説明する登場人物が、体格に比して大判の分厚い本を抱えていた。それは『日本原始美術』を思わせるに十分な表現である。また、火焔土器A式1号をはじめとして、作中に描かれた縄文土器や土偶の構図は、いずれも『日本原始美術』

手塚治虫『三つ目がとおる』
©手塚プロダクション

手塚治虫『三つ目がとおる』
©手塚プロダクション

火焔土器C式（新潟県長岡市馬高遺跡出土／重文／長岡市立科学博物館）

掲載写真に共通する。

　マンガの大量生産の担い手が大手版元に移り、定期刊行されるマンガ雑誌が創刊されていった。それらには、文芸書や学術書、美術出版物などを得手とする出版社もあった。週刊少年マガジンを発行する講談社は、『日本原始美術』の版元でもある。出版社の商品である『日本原始美術』を融通するだけでなく、『日本原始美術』編集過程で蓄積された資料を提供することも可能だっただろう。2016（平成28）年、偶然目にしたテレビドラマに示唆的な情景を見た。出版社のマンガ編集者を主人公にしたもので、『重版出来』（小学館）のマンガを原作とするらしい。主人公の編集者が訪れたマンガ家の机のうえには、作画のための参考図書が並んでいた。そのうちの1冊は『日本原始美術体系』（講談社）であった。

　手塚治虫が版元提供の資料を利用したと推定できるもう一つの考古資料の描写が同じ『三つ目がとおる』の違う話にある。国特別史跡の秋田県大湯環状列石と、そのなかにある日時計状特殊組石をモチーフにしたような立石や配石が関わる話である。そこに描かれる立石や配石は、スケール感が実際の大湯環状列石と異なっている。写真のなかの立石や配石から想を得て、物語の小道具になったと思われる。同じ

く大湯環状列石をモチーフに、日時計状特殊組石などを描いた諸星大二郎の『孔子暗黒伝』は、スケール感を実際の考古資料に合わせていることと対照をなす。

　手塚治虫は『三つ目がとおる』の次に週刊少年マガジン（講談社）に1978（昭和53）年から連載したスペース・オペラ調のマンガ『未来人カオス』でも、物語を動かすキャラクターに縄文土器の人面把手（じんめんとって）をかぶらせる。火焔土器と同じく縄文中期を代表する関東中部高地の勝坂式土器に特徴的な人面突起もまた『日本原始美術体系』（講談社）に掲載される考古資料であった。

　「妖怪ハンター」「縄文少年ヨギ」「三つ目がとおる」などが描かれた1970年代（昭和40年代後半）は、高度経済成長が終わった日本では、終末予言、超古代文明、超能力、超常現象などを取り扱ったオカルトブームの真っただ中にあった。一方で大阪万博の「人類の進歩と調和」よろしく最新の科学と技術への期待があった。SFブームの到来もまた時代の必然であったかもしれない。1973（昭和48）年、大阪万博テーマ館に深く関わった作家の小松左京（1931〜2011）の『日本沈没』（光文社カッパ・ノベル）がベストセラーとなり、1974年にアニメ『宇宙戦艦ヤマト』のテレビ放送があった。1977年日本封切りの『スターウォーズ』は今も続く人気シリーズとなっている。同年、『宇宙戦艦ヤマト』は映画化され、長蛇の列をつくった。

　『宇宙戦艦ヤマト』の制作に関わったマンガ家松本零士（1938〜）が描いた作品に『宇宙海賊キャプテンハーロック』がある。主人公らが宇宙海賊という設定、地球への異星人侵攻という物語の展開など、火焔土器との接点を思いつかない。そんな物語で火焔土器が意外な役割を果たす。登場する火焔土器は、津南町沖ノ原遺跡出土の火焔型土器（おきのはら）である。1977年後半に『プレイコミック』（秋田書店）に掲載され

松本零士『宇宙海賊キャプテンハーロック』
©松本零士／秋田書店

火焔型土器（新潟県津南町沖ノ原遺跡出土／新潟県指定文化財／津南町教育委員会）

た話である。

　沖ノ原遺跡は1978年5月11日に国指定史跡となる。1972年から1973年にかけて3回の発掘調査が行われ、縄文時代中期の直径120メートル規模を有する環状集落と理解されている。2017年、2018年に津南町教育委員会によって史跡整備に向けた再調査が行われた。火焔型土器のほか、それに続く「沖ノ原式」と呼ぶ縄文土器が数多く発掘されている。また、大形住居跡、壮麗な複式炉を備えた竪穴住居のほか、団子状の炭化物など縄文時代の生活を推察できる貴重な資料がある。

　松本零士の描く火焔型土器は緻密で、一目で沖ノ原遺跡出土のそれと判別できる。ところが描かれた火焔型土器と同じ構図の写真を、発掘調査の概報、本報告書、ほぼ同じ時期に出版されていた概説書や美術書に見つけられない。2017年7月23日に作者に取材する機会を得て、その際に聞き取りをもとに調査を進めたが、出典は不明のままである。「実物を見たように思う」との証言を得たが、30年以上前のことであり、追跡は困難であろう。

　マンガ本編に描かれた沖ノ原遺跡の火焔型土器は、古代の地球外侵

略者を記録した造形を有する縄文土器として、主人公キャプテンハーロックによって地球の博物館から強奪され、宇宙海賊船アルカディア号のコンピューターで解析される。宇宙船の飛び交う時代になっても、火焰型土器が博物館に居場所を確保していることに安堵する。そんなコンピューターがあれば、火焰型土器のこと、縄文時代のこと、諸々の考古学的課題が速やかに分かって大助かりと思わずにいられない。

　このマンガが発表された当時に比べ、コンピューターは格段に性能を高めた。しかし、現代の考古学研究の現場でも、出土品をコンピューターに任せても、答えを教えてくれない。研究者はいまも火焰型土器をはじめとする出土品と泥くさく格闘し、出土品の計測数値や観察所見を入力し続けている。それでもいまのところ、コンピューターは火焰型土器についてスッキリとした説明をしてくれない。

　火焰土器の知名度は他の追随を許さないように思う。しかし、その知名度が仇となり、多くの誤解が流布している。学校の社会科や図画工作・美術の教科書、あるいは概説書には、しばしば火焰土器が縄文土器の典型として説明され、縄文土器といえば火焰土器を思い浮かべる図式化が生まれた。ただ教科書掲載の写真では出土地が具体的に記載されることが稀で、日本中どこででも火焰土器が見つかると誤解されている場合が少なくない。

　考古学では「なに」が「どこ」から「どのように」発見されたかという事実がとても重要で、研究の第一歩であるにもかかわらず、学校教科書に掲載される考古資料の写真には、それらの記載が伴っていないことの方が多い。考古学研究の場面では、事実の蓄積によって、火焰土器・火焰型土器が、現代の行政区分でいう新潟県の範囲にほぼ限られて存在する縄文土器であり、それ以外の地域で出土することが稀であることが知られている。さまざまな土器の相対的な年代の新旧を

整理した縄文土器の編年では中期に大別される。最近では、土器に付着していた炭化物から取り出した放射性炭素同位体^{14}Cの残存量を測り、暦年代に換算して5,000年くらい前のものと推定できるようになった。

学校の社会科や美術の教科書は、縄文土器を代表して火焔土器・火焔型土器の写真を載せながら、考古学的証拠として重要な情報が欠落しているために、あらぬ誤解を生じる要因を生む。加えて、ご丁寧にも「火をかたどった縄文土器」のような考古学的に検証できない解説があり、「火焔土器」は現代人の付けたニックネームだという事

美内すずえ『ガラスの仮面』
ⓒMiuchi Suzue

実を来館者に伝えて、博物館に勤めていると、たびたび怒られる羽目に陥る。

1976年に『花とゆめ』(白泉社)で連載が始まり、いまだ完結していない美内すずえの『ガラスの仮面』は、演劇を題材にしたマンガである。主人公とそのライバルは伝説の戯曲「紅天女」をめぐって、演技にしのぎを削る。そんなストーリーでは、火焔土器とは夢にも思えないが、まさかの火焔土器登場である。主人公のライバルは土を表現する演技を試行錯誤するなかで、陶芸家を訪ねる。そこで縄文土器の存在を教示され、郷土博物館に見学に行く。そこに火焔型土器がある。

『ガラスの仮面』雑誌連載時、1987（昭和62）年8月20号に掲載された「紅天女（4）」では、主人公とそのライバルは、それぞれ紀州の山奥で特訓を重ねていた。近くの郷土資料館という設定ならば、関西のどこかが想定されるが、マンガに描かれる展示土器は明らかに火焔型土器を模したものである。縄文土器の典型として火焔土器・火焔型土器が知られるゆえの表現に思われる。

　もっとも東京国立博物館には伝馬高出土とされる火焔型土器、そして京都国立博物館には新潟県糸魚川市長者ヶ原出土の火焔土器とほぼ同時代の縄文土器があり、考古学研究者以外にとっては、どこの博物館でも火焔型土器を見られると錯覚しかねない。『ガラスの仮面』に描かれた紀州の郷土博物館の火焔型土器は、現代日本人に親しまれる考古資料の典型的な理解といえる。

　そんな考古資料を描いたマンガを挙げると、石ノ森章太郎、永井豪、諸星大二郎、星野之宣、水木しげる、手塚治虫、松本零士、美内すずえ、という知名度の高い作家に行き着く。縄文土器や土偶などの考古資料は、学者が見いだし、歴史家と芸術家が鍛えた役者に例えると、彼らをドラマやバラエティーで売り出すディレクターの役をマンガ家は担った。マンガ雑誌の編集者は、縄文土器や土偶などの考古資料が掲載された歴史書や芸術書の存在をマンガ家に伝える腕利きプロデューサーだった。

Column 昭和のマンガと考古資料

　昭和のマンガで、考古資料は知名度の高い作家の手で描かれていた。忘れていけないマンガ家に藤子不二雄がいる。小学館の学年別学習雑誌に多くの作品を発表した。そんな藤子不二雄の代表的作品の一つに『ドラえもん』がある。

　そして、藤子・F・不二雄（1933～1996）の『ドラえもん』には、遮光器土偶そのままのキャラクターが登場する物語がある。その物語では、主人公たちの敵役の手下は、遮光器土偶そのままのデザインであった。また、敵役の操る巨大なコンピューターは、火焔土器を模したデザインであった。考古資料のなかでマンガに使われる二大スター遮光器土偶と火焔土器の揃い踏みである。

　『ドラえもん』は小学館の学年別学習雑誌で、大阪万博のあった1970（昭和45）年に連載を始めた。1979（昭和54）年、2度目のテレビアニメ化、テレビ朝日系列の全国放送以降、広く世間に知られるようになった。テレビアニメの人気を受けて、1980（昭和55）年から新作アニメーション映画を毎年3月に公開するようになった。藤子・F・不二雄は新作アニメーション映画の原作となる「大長編ドラえもん」を児童向け漫画雑誌『月刊コロコロコミック』（小学館）に執筆した。遮光器土偶そのままのキャラクターは、「大長編ドラえもん」第9作目「のび太の日本誕生」に描かれた。1988（昭和63）年10月号から1989（平成元）年3月号まで『月刊コロコロコミッ

土偶（北海道室蘭市輪西町出土／重文／東京国立博物館）
Image:TNM Image Archives

ク』誌上で連載され、物語の完結とほぼ時を同じくして新作映画は公開された。劇場公開された映画『ドラえもんのび太の日本誕生』の中で屈指の観客動員数420万人を誇り、平成の終わりが見えた2018（平成29）年3月公開の「のび太の宝島」に抜かれるまで首位を譲らなかった。

　藤子・F・不二雄こと藤本弘は、安孫子素雄と「藤子不二雄」の共同ペンネームをかつて使用していた。手塚治虫が入居したことを皮切りにマンガ家が集ったトキワ荘（東京都豊島区南長崎）でマンガ家のキャリアを本格的に始めた。1963（昭和38）年から1971（昭和46）年までアニメーション・マンガ制作会社をつくっていた。「藤子不二雄」名義で発表された『オバケのQ太郎』は、藤子不二雄の2人のみならず、石ノ森章太郎、つのだじろう、赤塚不二夫などのマンガ家も作画を担っていた時期があった。そんな石ノ森章太郎と藤子・F・不二雄が、後にともに遮光器土偶そのままのキャラクターを描き、2人とも敵役側に配していたことが興味深い。考古資料の遮光器土偶は、少なくとも彼らの目には敵役の造形に見えたというわけである。そして、そんな彼らが『オバケのQ太郎』のように本来は目に見えないナニモノカであるオバケに姿かたちを与えた物語を生み出し、携わっていたことに奇縁を感じる。考古資料である出土品の土偶のなかには、Q

土偶（青森県西津軽郡森田村床舞出土／重要美術品／東京国立博物館）
Image:TNM Image Archives

土偶（秋田県仙北郡六郷町石名館出土／東京国立博物館）
Image:TNM Image Archives

森藤よしひろ『ミクロマン』
©森藤よしひろ ©TOMY

太郎や○次郎にそっくりに見えるものがあり、人がつくりしものを解釈するうえで示唆的である。

遮光器土偶を主人公側に配したマンガもないわけではない。時代を遡り、超古代文明ブームのころ発売された児童向け玩具とタイアップしたマンガに、遮光器土偶がイースター島のモアイ像やツタンカーメンの黄金マスクとともに登場した。1976（昭和51）年から1985（昭和60）年までテレビマガジン（講談社）に連載された森藤よしひろ（1944～2000）の『ミクロマン』には、地球にやって来た体長10センチたらずの異星人が長く眠っていた容器の一つに遮光器土偶が描かれた。

『ドラえもん』の「のび太の日本誕生」は、藤子・F・不二雄が鬼籍に入って10年後、2016年（平成28）年にリメークされた。その際に登場した遮光器土偶を写した敵側キャラクターには、ハート形土偶やミミズク形土偶、

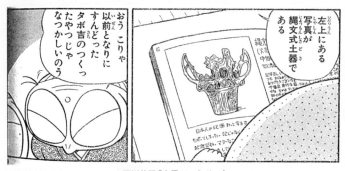

西川伸司『土偶ファミリー』
©西川伸司

仮面土偶など4体の部下が加わった。昭和の終わりに制作され、平成になって初めて公開された『ドラえもん』映画は、土偶のバリエーションを増やしている。土偶5体が国宝になり、多くの考古資料が一般的な知名度を高めていった「平成」を象徴しているようである。

　「大長編ドラえもん」が連載されていたころ、遮光器土偶を主人公としたマンガがもう一つ始まった。『月刊少年マガジン』1988年12月号から1993（平成5）年3月号まで掲載された『土偶ファミリー』である。擬人化した遮光器土偶が、人間社会で繰り広げるスラップスティックであった。土偶といえば遮光器土偶であり、縄文土器といえば火焰土器である。『土偶ファミリー』にも、火焰土器がところどころで描かれている。作者の西川伸司（1964～）はマンガ家であると同時に、平成になってつくられたゴジラやウルトラマンなどの特撮映画のキャラクターデザイン・絵コンテなどを手がけている。敗戦日本の節目節目に脅威をもたらす核の力と関わるゴジラの関係者が遮光器土偶を主人公に描いたマンガは、昭和から平成へと移り変わる時代とともにあった。それはバブル経済の崩壊と、後に「失われた10年」とも「失われた20年」とも呼ばれ、就職氷河期や平成不況の彼岸にあった。

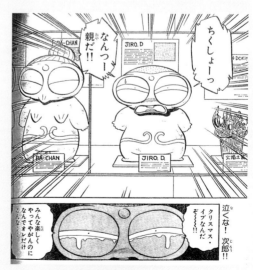

西川伸司『土偶ファミリー』
©西川伸司

コラム　昭和のマンガと考古資料　131

第8章 1989 平成と考古資料

　敗戦後、1950（昭和25）年に勃発した朝鮮戦争特需を経て、1955（昭和30）年から1973（昭和48）年まで日本の高度経済成長期には、ニュータウン開発と住宅建設などを中心とした都市開発、鉄道や道路など交通網の整備計画が急速に進められた。1972（昭和47）年に刊行された田中角榮の『日本列島改造論』は、高度経済成長期に立案された開発の青写真であった。

　日本列島の隅々までおよぶ開発計画は、大規模な土木工事をともない、地下深く眠る文化財を破壊する可能性を秘めていた。1950年制定の文化財保護法は、前年の法隆寺金堂火災に触発されて議員立法で、地下深く眠る文化財を埋蔵文化財、その場所を埋蔵文化財包蔵地という。一般に遺跡と呼ばれる場所で、歴史上、芸術上、学術上、鑑賞上等の観点から厳選され保護を要する遺跡を史跡や特別史跡に指定する。

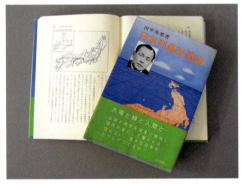

田中角榮『日本列島改造論』

1964（昭和39）年2月10日、現在の文化庁の前身に当たる文化財保護委員会は事務局長名で、大規模な土木工事によって破壊される恐れのある、史跡、名勝、天然記念物および埋蔵文化財包蔵地等の保護について、国の関係機関（建設省官房長、農林省官房長、運輸省官房長、厚生省官房長、通商産業省官房長、北海道開発庁事務次官、首都圏整備委員会事務局長、近畿圏整備委員会本部次長、日本国有鉄道副総裁、日本住宅公団副総裁、水資源開発公団副総裁、首都高速道路公団理事長、阪神高速道路公団理事長、帝都高速度交通営団副総裁、東北開発株式会社副総裁、電源開発株式会社副総裁）に対して事前の協議を依頼した。

　そうして、実際の開発を担う組織（日本住宅公団、日本鉄道建設公団、日本道路公団）が法律によってつくられると、1965（昭和40）年から1966（昭和41）年にかけて、それぞれと埋蔵文化財の取り扱いに関する覚書を結んだ。こうして遺跡を破壊する工事を回避することが困難な場合、発掘調査を行い、それを記録保存することになった。

　日本の歴史や美術に組み込まれた考古資料に対する眼差しは、その時々の国際情勢と、国際化の進んだ経済的状況に大きく左右されていた。第2次世界大戦の敗戦国となり、ポツダム宣言受諾にしたがって、いわゆる日本列島に主権の範囲がおさまることになり、石器時代人と現代日本人との関係を棚上げして、縄文土器や土偶などを日本の歴史、日本の美術に導入しやすくなった。明治に始まり、大正から昭和初期にかけて蓄積された考古資料に関する研究成果は、戦後の物語の重要な素材となった。それに続く、戦後日本のアイデンティティー再構築に、登呂、岩宿、夏島の果たした役割は大きい。

　1964年の東京五輪と1970（昭和45）年の大阪万博に象徴される高度経済成長期に、戦後復興から将来の発展に向けて、ニュータウン開

横浜市港北ニュータウン大塚遺跡環濠集落（写真提供：公益財団法人横浜市ふるさと歴史財団埋蔵文化財センター）

発やダム建設、鉄道や道路の整備のような大規模開発が計画され、実行されてきた。日本列島を舞台とした現代人の活動と史跡名勝天然記念物の保全保護は明らかに矛盾する。埋蔵文化財包蔵地は、土地造成で失われる場所の多くを記録保存することで対処した。それは日本の歴史、日本の美術を考えるうえで、重要な情報と出土品を大量に提供することにつながった。

　1973年、第4次中東戦争を発端とする第1次オイルショックと狂乱物価、続く1979（昭和54）年のイラン革命に続く第2次オイルショック、1971（昭和46）年のニクソン・ショックや1985（昭和60）年のプラザ合意後の円高不況などの出来事は、整備新幹線などの建設計画を遅延させ、開発の進展を緩和もしたが、一方で景気刺激策としての財政出動、公共事業が埋蔵文化財包蔵地を侵食した。その後に起こる出来事との関わりから見れば、2度のオイルショックに端を発する社会の動揺は、核の脅威を直接に経験した日本における原子力発電を許容する消極的動機となった。

　1986年（昭和61）年ごろから1991（平成3）年ごろまで日本社会は空前の好景気を享受した。後にバルブ景気、バブル経済と呼ばれ、さまざまな社会現象とともに人々を翻弄した。1987（昭和62）年10

月19日、ブラックマンデーと新聞報道で銘打たれていた史上最大規模の世界的株価下落がニューヨーク証券取引所を発端に起こったが、景気は冷え込むことなく不動産価格は高騰を続けた。直接には1990（平成2）年3月27日の大蔵省銀行局長通達「土地関連融資の抑制について」いわゆる総量規制と呼ばれる行政指導後、バブル経済ははじけたといわれる。そして「失われた10年」「失われた20年」と呼ばれる低迷の時代を迎えることになった。

　不動産価格の高騰は、不動産開発熱を高め、埋蔵文化財の記録保存、すなわち発掘調査と引き換えに破壊せざるを得ない遺跡を増した。もっとも、大規模な発掘調査を要する新幹線や道路などの大規模開発は、高度経済成長期に策定された計画で、バブル景気と直接の関わりはないともいえるが、不況時に遅延していた計画はバブル景気に促されて、あるいはバブル崩壊後の景気刺激策として進捗した側面は否めない。バブル景気の末期、埋蔵文化財に携わる職場は、3K（危険、汚い、きつい）と呼ばれ、考古学を専攻した学生からも忌避されるほどに、その他業種の就職環境がよかった。当時は公務員になる学生の気が知れないと大真面目にいわれた。バブル景気のころ、かように民間企業の雇用環境はよかったことを示すエピソードである。

　大規模開発にともなって、埋蔵文化財の発掘調査も大規模化した。東京都多摩ニュータウンや神奈川県港北ニュータウン

整備された吉野ヶ里遺跡

の開発では、丘陵がまるごと発掘調査された。新幹線や道路の整備では、その建設予定地が次々と発掘調査の対象になった。田中角榮の『日本列島改造論』が現実となり、それに伴う埋蔵文化財発掘調査の記録が新聞などのマスメディアに大きく報道されはじめたころ、それは昭和が終わり、平成となるころ、まさにバブル景気のころだったにすぎない。

　1989（平成元）年に新聞各紙が大きく報道を始めた佐賀県吉野ヶ里遺跡は一つの象徴である。佐賀県が企業誘致のために計画した工業団地造成に伴う発掘調査で明らかになった弥生時代の環濠集落である。1990年に国史跡、1991年に国特別史跡に指定され、1992（平成4）年に国営歴史公園の整備が宮沢喜一内閣によって閣議決定された。吉野ヶ里遺跡以前、学校の社会科教科書に掲載された弥生時代の環濠集落の遺跡は、港北ニュータウン開発に伴って発掘された横浜市の大塚遺跡であったが、瞬く間に吉野ヶ里が取って代わった。

　吉野ヶ里とともに、この時代を象徴する青森県三内丸山遺跡は、1994（平成6）年に大きく報道された縄文時代の大集落である。この地は江戸時代には既に土器や土偶が大量に掘り出される場所と知られていたが、県営野球場建設に伴う発掘調査の結果、大きなクリの柱根を残した6本柱が検出され、大きな話題となった。その後、1997年（平成9）年に国史跡、2000（平成12）年に国特別史跡に指定された。2019（平成31・令和元）年のいま、「北海道・北東北の縄文遺跡群」として世界遺産認定を目指す構成資産の一つとして、調査研究が進められている。

　吉野ヶ里や三内丸山、そして同時代以降に報道された遺跡は、大規模な発掘調査の成果であった。考古学はさまざまな学術分野と協働して研究を進め、新しい事実を提供し続けている。新潟県内に目を向け

ると、奥三面ダム建設のためにダムに沈む場所範囲が1988（昭和63）年から1998（平成10）年まで調査された。奥三面遺跡群として、調査成果の一部は「新潟日報」でたびたび報道されたことが記憶に新しい。

また、日本海沿岸東北自動車道の建設に伴って調査された青田遺跡も「新潟日報」に取り上げられた。1999（平成11）年から2001（平成13）年に発掘され、江戸時代に干拓された紫雲寺潟のただなかで縄文時代晩期の川辺のムラの様子を明らかにした。建物の柱根が良好に残り、年代推定を大きく前進させている。その他、日本列島の遺跡

奥三面遺跡群出土品の数々（「奥三面」展図録より）

A～C：撮影・川口潤
D：三内丸山遺跡センター提供
E：新潟県立歴史博物館が分析に供した三内丸山遺跡出土円筒下層式土器

【三内丸山遺跡】

では腐食して出土することの少ない有機物が保存された低湿地環境にあった青田遺跡では、建物の柱根に限らず、動植物質の遺存体が多く発見され、縄文時代における資源の利用について、新たな知見を提供し続けている。

　このような過去の様子を探る手がかりは、考古資料の一般的イメージを超えて大きく拡大している。考古資料の一般的イメージを用い、本書のタイトルは「埴輪(はにわ)、土偶(どぐう)、火焔土器(かえんどき)」と書き出した。それらは考古資料のなかで、氷山の一角ともいうべき存在である。考古資料のなかで人工物は有形文化財として定義され、日本の歴史を跡づけ、日本の美術を形づくる。それらに加えて、過去の活動を反映したあらゆるものが考古資料には含まれる。発掘した土層や貝層を剥ぎ取り、あるいは掘り出した土を洗い、微細な人工品のみならず、天然自然に存在する動植物の残滓(ざんし)を検出する。出土骨からDNAを採取して、古代人の遺伝子ゲノムを明らかにすることも可能になった。

　現代の発達した科学は、方法を理解せずに、結果だけを見ると、魔術と見分けがつかない。考古資料の何を用い、どのように扱って、何を明らかにしたか、その事実を説明することが現代の考古学では重要である。いま、多くの人が考古資料を通して、戦後に新生した日本の歴史、日本の美術に触れる機会を提供されている。そのなかでも縄文土器や土偶は、「日本の歴史」「日本の美術」にとって新参者であった。縄文土器や土偶をはじめ、考古資料を世間に紹介する起点は、考古学研究の成果にある。博物館などに収蔵された縄文土器や土偶は一義的には考古学の証拠物件であり、犯罪捜査の証拠物件が裁判終了後も保管されるように、研究対象となった縄文土器や土偶などの考古資料は、永続的に保管されなければならない存在である。現代の犯罪捜査において科学分析した証拠が重視され、それらの保管体制が注視される。

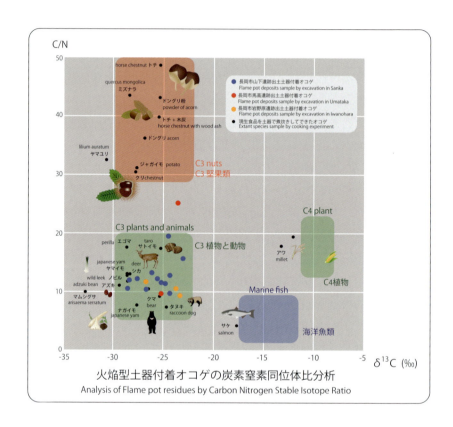

　考古資料にあっては、縄文土器や土偶という人工品だけでなく、それらの付着物、あるいはそれらが埋まっていた土、一緒に発掘された動植物遺存体・化石などの科学分析に供したサンプルを保管することが、博物館などの収蔵機関に求められる。

　縄文土器や土偶などの人工品は、それらが博物館で公開されると、考古学の研究成果に基づいた説明内容以前に、それ自身の存在感が観覧者を圧倒することがある。岡本太郎が「博物館で縄文土器を発見した」と表現するゆえんである。それでも、考古学を専攻する筆者は、

現代の科学理論と技術が明らかにした内容を含め、考古学の研究成果を、博物館の展示を通して、多くの人々に知ってもらいたいと願う。そのための工夫をするが、いままでのところ、成功した試しがない。

　2000（平成12）年に開館した新潟県立歴史博物館には、「縄文人の世界」と「縄文文化を探る」という常設展示がある。縄文土器や土偶を複製や模型で説明している。火焔土器・火焔型土器について、開館以来研究成果を蓄積し、それを紹介する展覧会を2009年（平成21）年に行った（新潟県立歴史博物館編2009『火焔土器の国 新潟』新潟日報事業社）。

　しかし、世間の火焔土器は、特殊なものと見る雰囲気は変えられない。火焔土器・火焔型土器の多くの個体の容器内面に付着炭化物おこげがあり、容器外面に火のあたった劣化があるという事実を提示しても、いまだに祭祀の道具と認識される。付着炭化物おこげを用いた年代測定、由来を推定する成分分析の結果を示し、煮炊きに用いたことを説明しても受け入れてもらえない。火焔土器・火焔型土器の出土する範囲や出土数量を示し、同年代同時期の同じ地域あるいは周辺地域の縄文土器のデザインを紹介し、同様の造形が存在することを紹介しても、火焔土器・

上／秋田県伊勢堂岱遺跡出土のキノコ形土製品
下／同じく銅鐸形土製品（北秋田市教育委員会）

火焰型土器は特別視されたままである。

　2011（平成23）年には土偶に関する展覧会で、日本列島の土偶の変遷(へんせん)を説明した。ユーラシア大陸東端の旧石器時代から新石器時代にかけての骨角製の偶像、粘土焼成の偶像などと比較し、現代のアンドロイド開発と比較し、土偶の変遷の特色を紹介し、女神像のような解釈が妥当性に欠けることを説明した。

　一般に偶像は、具象から抽象へ、写実的表現から象徴的表現へと変化する傾向にある。ところが日本列島の土偶は抽象から具象へと変遷

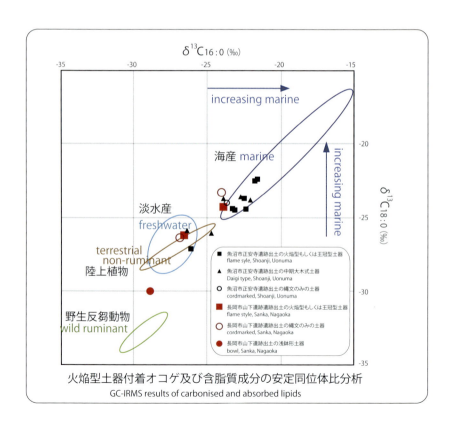

火焰型土器付着オコゲ及び含脂質成分の安定同位体比分析
GC-IRMS results of carbonised and absorbed lipids

し、写実的表現が低調なまま推移する。それは火焔土器・火焔型土器を含む縄文土器の造形にも見え隠れする特色で、縄文土器の文様は抽象的であり、象徴的表現が優勢で、抽象的文様を変形させて写実的表現に置き換わるものはあるが、自然天然に存在するものを写したものから始まる人工品がない。

　「火焔土器」のニックネームは、現代人の見え方にすぎない。火焔型土器の大きな四つの突起「鶏頭冠」は現代人の命名である。火焔型土器の器面を覆う「トンボメガネ状突起」「袋状突起」「渦巻文」「S字状文」「垂下隆線」は現代人の知っているものに模した呼び方である。

上／青森県三内丸山遺跡出土の黒曜石製の石器、下／同じくヒスイ大珠（写真提供：三内丸山遺跡センター）

　「火焔土器」が火を表現したことを否定できないかもしれないが、それを論証する術はない。「渦巻文」や「S字状文」を水の流れと解釈することも同様である。もっとも縄文時代中期に日本列島にはニワトリは生息していないので、縄文人がニワトリのトサカを写生して、「鶏頭冠」を生み出すことはないことだけは間違いない。

　むしろ、火焔土器を特色づける「鶏頭冠」「トンボメガネ状突起」「袋状突起」「渦巻文」「S

青森県三内丸山遺跡出土の縄文土器（写真提供：三内丸山遺跡センター）

字状文」「垂下隆線」などの呼び名を付けたパーツが、すべて同じような形に整えた粘土紐(ひも)を束ねて作り出されるという事実がX線を利用したCTスキャン画像やCR透過画像から判断されることに注目してほしいと思う。それは最新の技術を用いて観察された事実であり、出土品を理解し、過去を考える第一歩となる。

　「埴輪、土偶、火焔土器」を見て、想像の翼を広げることは楽しい。ただ、その前提に埴輪、土偶、火焔土器などの出土品、あるいはそれらの発掘された遺跡に関する最新の科学分析を含む考古資料の研究成果があることを知ってほしい。そのために、大学のような高等研究機関があり、博物館などが整備され、出土品および出土物に関する地理地学的情報、さまざまな技術を用いた分析結果などの考古資料が保管されている。

青森県三内丸山遺跡出土の土偶（写真提供：三内丸山遺跡センター）

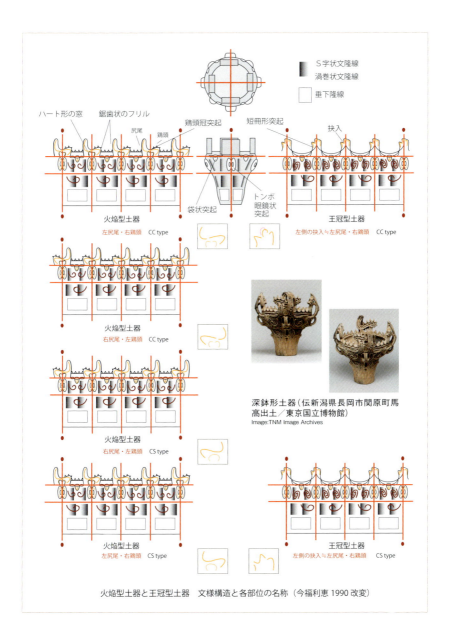

火焰型土器と王冠型土器 文様構造と各部位の名称（今福利恵 1990 改変）

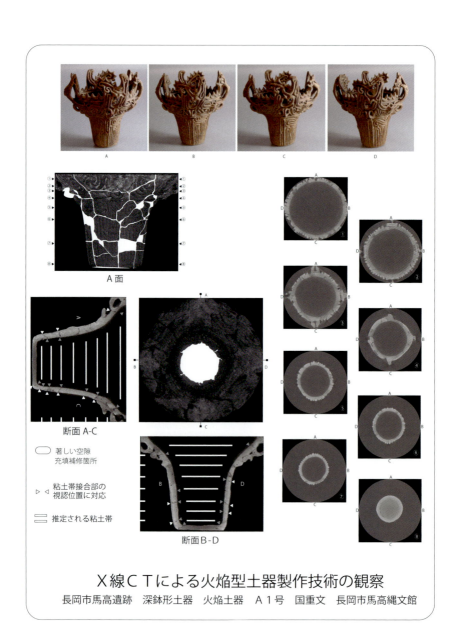

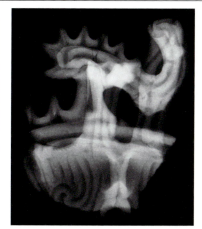

推定される粘土紐の形状と単位

X線CRによる火焔型土器製作技術の観察

火焔型土器の鶏頭冠突起残欠　新潟県立歴史博物館（星野洋治コレクション）

Column　平成のマンガと考古資料

　昭和から平成に移り変わるころ、バブル経済に派生するさまざまなことが社会現象として記憶された。世間はなんとなく浮足立っていたように思う。私は社会現象となったようなバブル経済の恩恵に与（あずか）らなかった。好景気を背景として、大学卒業時には職種にこだわらなければ、就職が容易な世代であった。考古学を専攻してその研究に携わることを願うと、世間の状況と遊離した。そのころ、確定申告は対面式の受け付けであったと思う。受付担当者が申告額を見て、どうやって生活しているのか心配してくれたことがあった。それでもバブルのおかげで、学生バイトの時給単価もみるみる上昇し、なんとか学費を納め、日々の食い扶持（ぶち）には困らなかったと思う。
　1970年代に発表されたマンガのなかに、縄文土器や土偶（どぐう）が描かれ、それらをモデルとしたキャラクターが活躍し、奇想天外な物語を動かす小道具になった。昭和が平成に変わったからといって、何もかもがそれによって変わるわけではないが、大規模な発掘調査内容が新聞やテレビを通して報道され、関連書籍が次々に刊行されるなかで、マンガのなかに描かれる

とり・みき『石神伝説』
©とり・みき／文藝春秋

笑う岩偶（秋田県北秋田市白坂遺跡出土／秋田県指定文化財／北秋田市教育委員会）

考古資料の扱いに変化が見える。

そんななか、昭和のマンガと同じように、奇想天外な物語を動かす異形のものとして、考古資料の扱われたマンガに、とり・みきの『石神伝説』がある。文藝春秋社が手がけたコミック雑誌『月刊コミックビンゴ』に1996（平成8）年から1999（平成11）年まで連載された。石ノ森章太郎や藤子・F・不二雄に続き、とり・みきも遮光器土偶を登場させる。ただし、そこには考古学概説書や美術書の掲載写真を忠実に模した遮光器土偶が描かれ、割れば中空にもなっていた。『石神伝説』には石人、亀石など1970年代のオカルトブーム、超古代文明ブームの際によく取り上げられた考古資料の数々が登場する。その一方で復元されたばかりの6本柱建物を擁する青森県三内丸山遺跡が物語世界の舞台となり、三内丸山遺跡と同じく国特別史跡であり、世界遺産申請の構成資産である秋田県大湯環状列石が現地そのままに描かれる。昭和のマンガで火焔型土器や銅鐸を描いた星野之宣

さいとう・たかを『ゴルゴ13』
©さいとう・たかを／小学館

が後に描いた『宗像教授』の連作、その後の発表作品と共通して、精密に写した考古資料が物語を大きく動かすことが平成のマンガでは一般化した。

平成のマンガでは、考古資料を奇想天外な物語の小道具としてではなく、現代

大湯環状列石（撮影：榎本剛治）

コラム　平成のマンガと考古資料

安彦良和『古事記ナムジ大国主』
©安彦良和

高室弓生『縄文物語 わのきなとあぐね』
©高室弓生／青林工藝舎

社会を構成する要素の一つに考古資料を使用するものが急速に増えたように思う。史跡整備された三内丸山を青森観光の一コマに表現したり、発掘現場でアルバイトするマンガ家の自伝的作品であったりする。あるいは古美術商の取り扱いや骨董収集家の演出に考古資料が描かれた。そんなとき、必ず火焔土器・火焔型土器が描かれることは、昭和から平成になっても変わらない。

2016（平成28）年には、さいとう・たかをの『ゴルゴ13』（ビッグコミック、小学館）という国際情勢・社会情勢を反映した作劇で知られるマンガに考古資料が登場した。政治家麻生太郎の愛読書という『ゴルゴ13』第560話「縄文の火」である。描かれる舞台は青森、四内外山遺跡……。それは史跡整備された青森県三内丸山遺跡そのままである。ところが昭和のマンガと同じく新潟県域外ではほとんど出土しない火焔型土器が登場し、四内外山遺跡の施設で、それを考古学者が修復するワークショップのようすが描かれる。「神は細部に宿る」という。現実感あふれる物語が売り物のマンガで、昭和から続くとはいえ、画竜点睛を欠くように思う。平成になっても考古資料の持つ特色は知られていないことが分かる。

考古資料を考古資料として、歴史伝奇的な物語に登場させたマンガも平

成にはある。安彦良和の描く一連の歴史伝奇マンガであり、高室弓生の縄文時代を描いたマンガである。そして、山田芳裕の『へうげもの』がある。2005（平成17）年から2017（平成29）年まで『モーニング』（講談社）に連載されたマンガのなかで、古田織部の好みを表現する

高室弓生のイラスト「銀河鉄道の夜」
©高室弓生／青林工藝舎

ために、土中から掘り出した縄文土器が描かれた。縄文土器を用いた同様の作劇には、細野不二彦の『ギャラリーフェイク』（ビッグコミックスピリッツ、小学館）の1999年に描かれた1編「花と器」にて、草創期土器に花を生ける場面が思い浮かぶ。

　昭和のころから、遺跡調査の大々的な報道はあった。それに伴う出版物もあった。しかしながら、平成になって、関連出版物はかなり増加したよ

山田芳裕『へうげもの』
©山田芳裕／講談社

細野不二彦『ギャラリーフェイク』
©細野不二彦／小学館

コラム　平成のマンガと考古資料　151

うに思う。2018（平成30）年に東京国立博物館で開催された特別展「縄文　一万年の美の胎動」にあわせて出版された「縄文」関連書がいかに多くあったか記憶に新しい。それらを消費して、考古資料は思わぬところに姿を見せるようになった。マンガに登場する考古資料は、それに先駆けて、物語を演出する小道具や舞台となり、次いで、有形文化財として、あるいは史跡として、現代社会を構成する文化資源のアイコンとなった。文化資源のアイコンとしての考古資料は、今後ますます現代社会のなかで消費されるであろう。そんなとき、文化資源のアイコンとしてだけでなく、考古資料を通して分かることを適切に伝えられればと思う。

毎日新聞朝刊（1975年8月27日付）

新潟日報朝刊（1999年4月17日付）

コラム　平成のマンガと考古資料　153

第9章 2019 新たな神話

　おもしろおかしく、あるいは理想郷として、過去を説明することは、考古学の研究成果に反する。マンガに描かれた考古資料は、作家の創作した世界なのだから、文句をつける筋合いにない。筆者は大いに楽しませてもらっている。しかし、それらを「日本の歴史」「日本の美術」に組み込むとなると話は違う。それは戯曲や小説という作家の創作を歴史と信じ込むことと同じで、似て非なるものである。

　日本列島という限定された地理的範囲のなかで紡いだ「日本の歴史」「日本の美術」の記述から、一足飛びに人類史へ組み替え、あるいは過度な特殊性を主張することも危険をはらんでいる。そんな特殊性があるとすれば、むしろそれは日本列島のおかれた地理的ないし地勢的なものに由来するのであろう。過去の人々は日本列島の恩恵に与(あずか)り、いま考古資料として展覧されるような人工品を残した。日本列島に住まう人々の手柄は相当に少ない。手柄がある

中空土偶（北海道函館市著保内野遺跡出土／国宝／函館市教育委員会）

とすれば、それらを発見したことに尽きる。しかし、その手柄の代償は大きい。大規模な開発は、埋蔵文化財包蔵地を消滅させただけでなく、そこに住まう人々に天与であったはずの地理的・地勢的な恵みを損ねようとしている。

いま、世間は「縄文」ブームだという。その背景を尋ねる取材も受けた。本書で振り返った昭和・平成には、そんな「縄文」が脚光を浴びる瞬間が幾つかあったと思う。

土偶　縄文のビーナス（長野県茅野市棚畑遺跡出土／国宝／茅野市尖石縄文考古館）

1940年、1945年、1952年、1960年、1969年、1970年、1977年、1989年。筆者が恣意的に選んだ西暦年である。考古資料を通して昭和・平成を語れると考えて選定した。これらを見て、筆者の選んだ西暦年に違和感・反感を持つ人も多いと思う。これらの年は、筆者が祖父母世代や父母世代の記憶を見聞きし、自身の体験してきた出来事の記憶、そして何よりも考古学を専攻して学んできた知識とを重ね合わせ選んだものなので、私のなかで印象に残る記憶に関わっている。十人十色でほかの西暦年を思い浮かべて不満に思った人もいるだろう。これは方法の一つの提示である。本書では、公式の物語「歴史」と個人それぞれの大切な物語「人生」とを結わうために、筆者の記憶を使った。しかしながら、人それぞれに違う思い出に残る年があり、それと結びつく何かがあるに違い

土偶　仮面の女神（長野県茅野市中ッ原遺跡出土／国宝／茅野市尖石縄文考古館）

ない。

　「縄文」ブームの牽引には、最初に「日本の歴史」に与えられた位置があったと思う。それによって「日本の美術」に居場所を得た。それらが印刷出版物を通して、多くの人々の知る存在となり、博物館・美術館で「縄文」は鑑賞すべきものへとなっていった。「縄文」のなかでも「火焰土器」は、国家的プロジェクトに関わる提案と地域振興のなかでの利用を通じて、認知度を高めていったと思う。考古資料の中でも「遮光器土偶」や「火焰土器」のように、見えざるナニモノカを創作するマンガとの相性の良さも、「縄文」の認知度に貢献した。団塊の世代と団塊の世代ジュニアを擁して、大量消費されたマンガに繰り返し考古資料が描かれたことで多くの人が「埴輪、土偶、火焰土器」を知ったと思う。

　そして、文化財保護法に規定される「国宝」に縄文土器や土偶が認定され、ステータスを得たことが大きかったと思う。文化財保護法の理念からいえば、ほかの文化財と法的に区別されるわけではないが、「国宝」の響きは甘美な魅力を「縄文」に付け加えた。1995（平成7）年に最初に国宝となった長野県棚畑の縄文のビーナス。次いで1999（平成11）年新潟県十日町市笹山遺跡出土深鉢形土器57点。火焰型土器

を20個体含み、ほかに土器・土製品類72点、石器・石製品類791点、ベンガラ塊8点を附とした。その後土偶4体が国宝に加わった。2007（平成19）年北海道著保内野。2009（平成21）年青森県風張。2012（平成24）年山形県西ノ前。2014（平成26）年長野県中ッ原。これら「国宝」の称号を得た土偶や縄文土器が「縄文」ブームの立役者であったことは疑いないように思う。

　「縄文」ブームは、一つには考古学研究の進展が創出する後景であろう。明治に発掘された大森貝塚の縄文土器に始まり、考古資料のうち利器の材質による北欧の三時期区分法の「石器時代」が日本に適用された。日本石器時代には土器があり、北欧と同じく貝塚があった。石器時代の中には稲籾圧痕のある土器があり、青銅器や鉄器が伴うものが含まれた。やがて水田跡が見つかり、稲作をしていることも分かった。それが弥生時代になり、対して土器はあるが、農耕のない石器時代は縄文時代になった。縄文土器は日本列島の地域地方ごとに異なり、その変遷を把握できる相対年代の単位に分類された。西アジアでは農耕を一つの画期として新石器革命が設定されていた。完新世層の新石器時代である。地質年代で更新世層、農

土偶　縄文の女神（山形県舟形町西ノ前遺跡出土／国宝／山形県立博物館）

耕のない石器時代を旧石器時代とした。日本列島には更新世層の遺物はないと考えられていたところ、それを覆す発見があり、縄文時代以前に日本列島へ人類が渡来したことが分かった。そして、縄文時代を画する土器は旧来の想定以上に古い年代を測ることが分かり、日本列島における旧石器時代から縄文時代までの変遷が探求された。高度経済成長期以降に埋蔵文化財包蔵地を含む大規模な開発にさらされ、それらを記録保存するための発掘調査もまた規模を拡大した。さまざまな分析技術の革新があり、学際的研究の組織化を踏まえた成果が知られるにつれ、縄文時代のイメージは変貌するに至った。

考古学研究の進展とその時々の見解は、国際情勢や社会情勢と孤立したものではない。いまの「縄文」ブームは、1950年代の「縄文」の発見に通じるように思う。東西冷戦下で進んだ核軍拡競争は、広島・長崎に次ぐ衝撃を日本人に直接もたらした。核の脅威は、2011（平成23）年東日本大震災の衝撃で改めて顕在化した。そのとき、再び「縄文」ブームが始まったように思う。

筆者は夢想する。

アフリカ大陸を出た現生人類がユーラシア大陸に拡散した。ユーラシア大陸に広がった人々は、それ以前にユーラシア大陸にいた人類と交雑し

合掌土偶（青森県八戸市風張遺跡出土／国宝／八戸市埋蔵文化財センター是川縄文館）

ながら、ユーラシア大陸の東端にまで至った。その一部は海を渡り、太平洋に浮かぶ島々にまで広がった。日本列島にたどり着いた人々は、そんな人類集団の一部にすぎない。その後もたびたび、ユーラシア大陸そのほかから日本列島に渡ってきた人々がいたに違いない。日本列島にたどり着いた人類集団は孤立した集団ではなく、ユーラシア大陸そのほかにいる人々と交雑しながら、日本列島に根を張っていった。周囲を海に囲まれ海洋

火焔型土器（深鉢形土器No.1）（新潟県十日町市笹山遺跡出土／国宝／十日町市博物館）

資源に恵まれた日本列島。いまも世界有数の漁場を近海に持つ日本列島。太平洋を流れる黒潮の一部が対馬海峡を越えて日本海に流れ込むようになると、その沿岸は豪雪地帯となった。落葉広葉樹林が発達した豊かな環境、多様性の高い動植物相を育んだ。特に列島東北部にいた人々は、その恩恵をも受けたことだろう。やがて農耕を基盤とする技術を携えた人々がユーラシア大陸から幾度となく日本列島に到来し、水田をつくるようになった。紆余曲折を経て現代に至る。水田をつくる仕組み以前から日本列島にいた人々は、その豊かな天然の環境と資源に取り囲まれていた。人類が自然の一部であった時代。

　厳しい生活を過ごしながら、天然の環境と資源を取り込む知恵が育まれたに違いない。そんな知恵のなかに、消化を体外で助ける土器の開発があったのだろう。因果関係の追究を試みないならば、土器は魔法の道具である。硬かった肉を軟らかくし、エグかったドングリを食

第9章　2019　新たな神話　159

べやすくした。そんな土器の力を引き出すために、現代人とは異なる発想で土器の改良がなされた。自然の一部であったからこそ、自然から離れるように自らの技を究め、己らの願いを込め、世界観をカタチにしていった。現代人から見ると無駄で奇妙な造形を与えた縄文土器の誕生である。彼らは本拠を構え、死者を弔い、死者とともに生きるムラをつくった。あるいは死者の助けを求めて、生きるための祭りを行った。土偶がつくられ、環状列石、盛り土、貝塚などの構造が残った。それらを見れば、時に天然の環境と資源にダメージを与えることもあっただろう。

そんなことの繰り返しを縄文時代と呼ぶならば、技も願いも、世界観も現代とは大きく異なる。活動規模も大きく異なる。しかし、天然の環境や資源への働きかけという観点から見れば、

栃倉式土器（出土地不詳／セインズベリー視覚芸術センター）

核の脅威を生み出した人類の営みとなんら変わることはない。

　発達した科学は魔術と見分けがつかない。核の脅威は、縄文土器の造形が無駄で奇妙なことと同様の呪術である。1951（昭和26）年に国立博物館で縄文土器を発見し、岡本太郎がすぐさま1952（昭和27）年に発表した「四次元との対話 縄文土器論」は、このことの表明であった。いまの「縄文」ブームが、単に「縄文の美」を称揚し、「縄文」の珍奇なるを好み、「縄文」の理想郷を求めているとすれば、岡本太郎の仕事は無駄骨であったことになる。そして、信濃川火焔街道連携協議会が2014年7月10日に宣言した「火焔型土器を2020年東京オリンピック・パラリンピックの聖火台に」が改めて問い直されるべきである。

火焔型土器（深鉢形土器No.6）（新潟県十日町市笹山遺跡出土／国宝／十日町市博物館）

火焔型土器（出土地不詳／クリーブランド美術館）

Column　縄文にハマる人々

　2018（平成30）年7月から全国各地で公開されている山岡信貴監督の映画『縄文にハマる人々』は、「縄文」に関わる人々を取材した作品である。博物館にある縄文土器や土偶（どぐう）が次々と画面に登場する。そして、多くの「縄文にハマる人々」が取材を受ける。「縄文」の答えを求めてはいけない。たぶん、この映画の奥行きはそんなところに主題を求めていない。登山家への問いかけに対する答え「そこに山があるから」に似て、「縄文があるから」に行き着くことだろう。
　恐らくそんな「縄文にハマる人々」の一人、望月昭秀は2015（平成27）年からフリーペーパー『縄文ZINE』を発行する。曰（いわ）く「縄文時代をテーマにした、いままでに無かったフリーペーパー」である。どのように採算が成り立っているのか、いつも心配になるが、発行され続けている。「そこに縄文があるから」なフリーペーパーは、「縄文」の裾野を広げている。平成に年号が変わってから日本には各種のスポーツプロリーグが次々と始まった。スポーツ振興策として競技人口を増やすための方策であった。フリーペーパー『縄文ZINE』は、同じように「縄文」人口を増やす存在であろう。また、「縄文にハマる人々」の一人、誉田亜紀子は「縄文」の裾野を広げる執筆を続ける。「土偶女子」界のクイーンという称号を持つらしい。新潟県立歴史博物館のミュージアムショップでは売れ筋の書籍著者であり、「縄文」ブームを牽引する。「そこに縄文があるから」を多くの人に伝える精力的な活動に脱帽する。
　海外に目を向けると、2009（平成21）年、大英博物館で土偶展The POWER of DOGUが開催された。日本の文化庁の協力で、国宝の土偶、火焰（かえん）型土器などが一挙に公開され、ロンドンっ子の注目を集めた。サイモン・ケイナー博士（セインズベリー日本芸術研究所統括所長・イーストアングラ大学日本学センター長）のキュレーションした考古資料の展覧会で、

土偶をDOGUとして、そのまま紹介した初めての試みである。「縄文にハマる人々」を海外に増殖させた。2012（平成24）年からは大英博物館日本ギャラリーで、新潟県の津南町と長岡市の火焔型土器などを常設展示し、さらに「縄文にハマる人々」を増加させようとしている。

　フランスでは1998（平成10）年にパリ日本文化会館で縄文展が開催された。新潟県からは十日町市笹山遺跡の火焔型土器などが展覧され、当時の大統領ジャック・ルネ・シラクや構造主義の祖クロード・レヴィ・ストロースらが「縄文」を称賛したことで知られる。2018（平成30）年に日仏友好160年記念「ジャポニスム」プロジェクトが展開され、「縄文―日

映画「縄文にハマる人々」チラシ

コラム　縄文にハマる人々　163

本における美の誕生」展が再び好評を博したという。

　世界各地で日本の歴史や美術、日本の考古学に関する展覧会が催される際、日本から出品される縄文時代の二大スターは、マンガに描かれる考古資料同様に、遮光器土偶と火焔土器である。縄文土器や土偶は数多くないものの、世界各地の博物館に収蔵されている。それらのなかには、学術標本の相互交換で渡った考古資料もある。美術商などを介して入手された芸術作品としての縄文土器や土偶もある。アメリカのクリーブランド美術館に収蔵される火焔型土器はそのような縄文土器の一つである。イギリスで出版された『芸術の３万年』、その抜粋版『芸術の１万年』(10,000

「土器怪人土偶怪獣　松山 賢 展」

Years of Art in 2009, First published as 30,000 Years of Art in 2007, Phaidon press）の紀元前2000年には、クリーブランド美術館の火焔型土器が載る。

　そこには土器や土偶を対象にした考古学の研究が明らかにした歴史的な存在感だけでなく、それらと邂逅した現代人の感動がある。美は感動の言い換えにすぎない。現代美術評論家は小難しい理屈を並びたてるが、美や芸術は感動という心の動きである。それゆえに心を揺さぶられる縄文土器や土偶。「縄文にハマる人々」が続出し、遮光器土偶や火焔土器が世界中で待望されるゆえんがここにある。

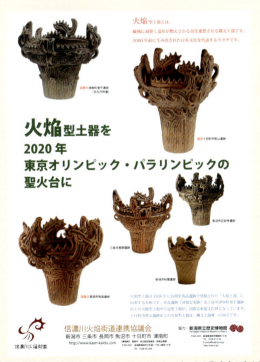

「火焔型土器を2020年東京オリンピック・パラリンピックの聖火台に」チラシ

コラム　縄文にハマる人々　165

結

　「埴輪、土偶、火焔土器」などの考古資料は、文化財保護法に記されるように、国民共有の財産である有形文化財である。そんな有形文化財のなかでも、特に視覚的効用の高い考古資料を取り扱い、考古資料と結びついた歴史の記憶を掘り起こし、昭和・平成を振り返った。
　「あ、コレ知ってる！」と思わず声を上げるとすれば、それは戦後日本の公式の物語として、学校で使用した教科書などを通して記憶した埴輪、土偶、火焔土器であるだけでなく、個人の大切な物語を構成する人生のエピソード、あるいは体験の記憶のどこかに関わる存在になっているからである。
　考古学研究の対象であるとともに、芸術作品でもある考古資料。特に1950年代から1970年代にかけて、日本美術史のなかに登場した。本書では取り上げなかったが、美術史家・民芸運動家の水尾比呂志らは、『美術手帖』（美術出版社）誌上で原始美術に関する評論を連載し、『國華』誌上で火焔土器に評論を加えた。考古学的証拠を等閑視した縄文土器や土偶の評論、特に火焔土器に関する叙述が世間に誤解を広めた観は否めないものの、それも現代における考古資料の扱いであろうと思う。ただ、美学や美術史には学術的権威があり、考古学と整合しない説明の扱いに苦慮することを残念に思う。
　1970年代以降には大衆芸術であり、大量生産され、大量消費されたマンガのなかに考古資料が描かれることがあった。作品は作家の構想と想像・創造である。そんなとき、考古学的証拠に忠実であることは、必ずしも重要ではない。縄文土器や土偶が示す造形上の特色を生

かした作劇が考古資料の存在感を増幅させた可能性すらある。また、現代の芸術家が縄文土器や土偶などの考古資料に触発されて、生み出す作品が新たな魅力を放ち、考古資料への理解を促す場面も増えつつある。それらのなかには、マンガと縄文土器や土偶との親和性を示すように、マンガおよびアニメ作品のエッセンスが融合しているものもある。

　博物館・美術館の展示、その図録、歴史書や美術書のような公式の物語を強調する書物だけでなく、マンガのように以前は低くみられた創作作品、小説や戯曲、映画やテレビドラマなど、さまざまな媒体に取り上げられて、個人の記憶に残る考古資料が増殖し、現代を紡ぐ確固とした存在感を放っている。

　考古資料には、博物館に収蔵され、展示される公式の物語と癒着した価値だけでなく、個人の記憶、人生の思い出を創出する効用がある。それを博物館収蔵資料の波及効果とみた。公式の物語に即して博物館に収蔵される資料が一次資料、それを撮影したり、図面にしたり、複製をつくったり、という学術活動の生産物を二次資料だとすれば、公式の物語に縛られた博物館の埒外(らちがい)で、一次資料・二次資料を素材に創作される作品は、博物館の三次資料となる。現代芸術として創作されたさまざまな作品を博物館が収集し、展示に供することは博物館に収蔵される一次資料・二次資料としての考古資料の価値を高める。

　本書は、JSPS科研費JP15K12449の助成を受けた研究成果の一部である。また、新潟県立歴史博物館で開催する天皇陛下御即位記念、第34回国民文化祭、第19回全国障害者芸術・文化祭特別展「国民の文化財　あ、コレ知ってる！はにわ、どぐう、かえんどきの昭和平成」の図録でもある。特別展を観覧・鑑賞して、公式の物語「歴史」と個人のたいせつな物語「人生」とを結び、昭和平成を思い、将来を展望する一助となることを願う。

【主な参考文献】

EDWARD S.Morse 1877 TRACES OF EARLY MAN IN JAPAN, NATURE No.422 Vol.17, Nov 29 1877, P89
EDWARD S.Morse 1879 Shell mounds of Omori, Memoirs of the science department, University of Tokyo, Japan
10,000 Years of Art, by Phaidon Press Ins., First published as 30,000 Years of Art 2007, edition abridged and revised 2009, P35
The CMA Companion, A Guide to the Cleveland Museum of Art, First published in 2014 by Scale Arts Publishers, Inc., P234
Jonatahan M. Reynolds 2015 Allegories of Time and Space: Japanese Identity in Photography and Architecture, University of Hawaii Press, USA

岡本太郎「四次元との対話　縄文土器論」(みづゑ 558 美術出版社、1952 年 2 月)

石井匠 2016「岡本太郎が見た縄文－1951 年 11 月 7 日水曜日の『事件』前後－」『國學院大學博物館特別展 火焔型土器の機能とデザイン JomonesuqueJapan2016』信濃川火焔街道連携協議会

今福利恵 1990「火炎土器様式の構造」『火炎土器様式圏の成立と展開』火炎土器研究会

小熊博史 2015「火炎土器の名称とオリンピックの聖火台　越後長岡・火焔土器の話（一）」『長岡郷土史』第 52 号、1-10 頁
小熊博史 2016「火炎土器の名称とオリンピックの聖火台　越後長岡・火焔土器の話（二）」『長岡郷土史』第 53 号、1-10 頁

近藤勘次ママ郎・近藤篤三郎 1936「越後馬高遺跡と滑車形耳飾」『考古学』第 7 巻第 10 号
近藤勘治郎 1937「三島郡馬高に於ける石器時代（附 滑車型ママ土製品について）」髙志路 3-6、1-5 頁、口繪／口繪説明
近藤勘次ママ郎・藤森榮一 1937「越後中期縄紋文化馬高期に於ける土製装飾具の發生について」『考古学』第 8 巻第 10 号

國立博物館 1949『日本美術史總合展圖錄』
國立博物館職員組合 1951「日本古代文化展 見方と解説」

斉藤秀平 1937『新潟縣史蹟名勝天然記念物調査報告』第七輯

酒詰仲男、篠遠喜彦、平井尚志 1951『考古學辭典』改造社

関雅之 2006「「火焔土器」名称考」『新潟考古』第 17 号、新潟県考古学会、77-90 頁

東京國立博物館 1953『日本考古圖錄』朝日新聞社（別冊付録「日本古代文化展總目錄」東京國立博物館）
東京国立博物館 1964『オリンピック東京大会日本古美術展図録』

東京国立博物館 1964『オリンピック東京大会日本古美術展』

中村孝三郎 1958『馬高 No.1』長岡市立科学博物館
中村孝三郎 1966『先史時代と長岡の遺跡』長岡市立科学博物館
中村孝三郎 1970「火焔土器物語」『古代の追跡 火焔土器から蒼い足跡まで』講談社

新潟県立歴史博物館編 2004『火炎土器の研究』同成社
新潟県立歴史博物館編 2009『火焔土器の国 新潟』新潟日報事業社

西田泰民, 吉田邦夫, 宮尾亨, 宮内信雄, Oliver Craig, Carl Heron 2014「火炎土器の用途分析」日本文化財科学会（奈良教育大学）2014 年 7 月 1 日（研究発表要旨 143 頁）

野間清六 1963「フランスにみせる日本美術〈二度目のパリ展〉」藝術新潮 1963 年 10 月号、92-107 頁
野間清六 1964「パリにおける日本古美術展報告」『MUSEUM 東京国立博物館美術誌』4 月号（No.157）31-33 頁

中部考古学会彙報全（長野県考古学会創立 20 周年記念復刻 1980）

毎日新聞社 1960『古代のクラフト 縄文美術展』図録、同出品目録

宮尾亨・寺崎裕助 2012「新潟県の縄文時代中期土偶」『新潟県立歴史博物館研究紀要』第 13 号 29-94 頁
宮尾亨 2015「産物 歴史を語る Vol.2 －現代に生きる火焔土器」新潟経済社会リサーチセンター月報 2015 年 7 月号 新潟経済社会リサーチセンター 26-27 頁
宮尾亨 2018「長岡の火焔土器」『寶德』176 寶德大社社報 夏号 4-5 頁
宮尾亨 2018「火焔型土器の謎に迫る」『新潟まいぶんナビ』2018 秋冬号 新潟県教育委員会 13-14 頁
宮尾亨 2018「信濃川火焔街道をめぐる地域振興と広域観光」『考古学ジャーナル』No.718 ニューサイエンス社 15 頁
宮尾亨 2018「信濃川と火焔土器」『寶德』177 寶德大社社報 冬号 4-5 頁
宮尾亨 2019「クリーブランド美術館の火焔型土器」『新潟県立歴史博物館研究紀要』第 20 号 85-94 頁
宮尾亨 2019「海外にひろがる縄文の魅惑」リバーサイドバンク・リポート「R」第 25 号、20-21 頁

八幡一郎編 1959『世界考古学大系』第 1 巻 日本 I 先縄文・縄文時代 平凡社
八幡一郎 1960「古代のクラフト－縄文美術展－」毎日新聞 昭和 35 年（1960 年）5 月 12 日（木曜日）7 面

吉田邦夫・小熊博史・西田泰民・宮尾亨・宮内信雄 2014「火焔土器の X 線 CT 解析」『長岡市立科学博物館研究報告』第 49 号、47-62 頁
吉田邦夫・小熊博史・西田泰民・宮尾亨・宮内信雄 2014「火焔土器の X 線 CT による製作技術の検討」日本考古学協会第 80 回総会（日本大学文理学部）2014 年 5 月 18 日（研究発表要旨 24-25 頁）

【おことわり】
　本書は、天皇陛下即位記念、第34回国民文化祭、第19回全国障害者芸術・文化祭にかかる新潟県立歴史博物館特別展「国民の文化財　あ、コレ知ってる！はにわ、どぐう、かえんどきの昭和平成」の図録を兼ねています。本書には、同展に出品されない参考資料図版も多く掲載しています。

【謝辞】
　新潟県立歴史博物館特別展の開催と本書の刊行にあたり、資料所蔵機関ならびに関係者の皆様に多大なご指導ご協力をたまわりました。記して感謝申し上げます。
　井戸尻考古館　北秋田市教育委員会（伊勢堂岱縄文館）國學院大學博物館
　埼玉県立さきたま史跡の博物館　三内丸山遺跡センター
　信濃川火焔街道連携協議会（新潟市、三条市、長岡市、魚沼市、十日町市、津南町）
　釈迦堂遺跡博物館　茅野市尖石縄文考古館　津南町教育委員会（農と縄文の体験実習館なじょもん）
　東京国立博物館　独立行政法人国立文化財機構文化財活用センター　十日町市博物館　登呂博物館
　長岡市立科学博物館　函館市教育委員会（函館市縄文文化交流センター）
　八戸市埋蔵文化財センター是川縄文館　福岡市博物館　みどり市岩宿博物館　明治大学博物館
　山形県立博物館　山梨県立考古博物館　公益財団法人横浜市ふるさと歴史財団埋蔵文化財センター
　山岡信貴　松山賢
　クリーブランド美術館（アメリカ）　セインズベリー視覚芸術センター（イギリス）
　Nicole Coolidge Rousmaniere, Simon Kaner

【担当】
　新潟県立歴史博物館　学芸課　専門研究員　宮尾　亨（本書の執筆編集）
　新潟県立歴史博物館　学芸課　主任研究員　橋詰　潤（本書の編集補助）
　新潟県立歴史博物館　シニアリサーチャー　西田泰民（本書の学術校閲）

あ、コレ知ってる！　はにわ どぐう かえんどきの昭和平成（しょうわへいせい）

2019（令和元）年8月11日　初版第1刷発行

編　　　者／新潟県立歴史博物館
発　行　者／渡辺英美子
発　行　所／新潟日報事業社
　　　　　　〒950-8546
　　　　　　新潟市中央区万代3丁目1番1号　メディアシップ14階
　　　　　　TEL 025-383-8020　FAX 025-383-8028
　　　　　　http://www.nnj-net.co.jp
印刷・製本／株式会社 第一印刷所
パラパラマンガ／小林真弓
　　　文　　／宮尾　亨

　本書のコピー、スキャン、デジタル化等の無断複製は著作権上での例外を除き禁じられています。本書を代行業者等の第三者に依頼してスキャンやデジタル化することは、たとえ個人や家庭内での利用であっても著作権上認められておりません。

©新潟県立歴史博物館 2019, Printed in Japan
定価はカバーに表示してあります。
落丁・乱丁本は送料小社負担にてお取り替えいたします。
ISBN978-4-86132-720-9